Helfried Weyer

BALI

Fototräume zwischen Göttern und Dämonen

UMSCHAU:

Wir danken dem Verlag Kiepenheuer & Witsch, Köln für die freundliche Genehmigung, aus dem folgenden Titel längere Passagen zu zitieren: »Liebe und Tod auf Bali« von Vicki Baum

Zur Fotografie:
Alle Aufnahmen dieses Buches entstanden mit der Rolleiflex 6 x 6 Mittelformatkamera auf Kodak Ektachromefilm EPR 64. Eine bessere Kamera und bessere Filme gibt es für mich und meine Arbeit unterwegs nicht.

Die Deutsche Bibliothek – CIP-Einheitsaufnahme

Weyer, Helfried:
Bali : Fototräume zwischen Göttern und Dämonen / Helfried Weyer. –
Frankfurt am Main : Umschau, 1993
ISBN 3-524-67050-4
NE: HST

Umschlaggestaltung: Christa Kochinke, Mainz
Lektorat: Sabine Weeke
Typographie und Herstellung: Hans-Heinrich Ruta
Herstellungsassistenz: Jutta Thiele
Umschlaglithographie: Industriedienst Reproduktion, Wiesbaden
Reproduktion: Brönners Druckerei Breidenstein GmbH, Frankfurt am Main
Satz: Fotosatz Otto Gutfreund GmbH, Darmstadt
Druck: Brönners Druckerei Breidenstein GmbH, Frankfurt am Main
Buchbinderische Verarbeitung: C. Fikentscher Großbuchbinderei GmbH, Darmstadt
Printed in Germany, 1993

ISBN 3-524-67050-4

Inhalt

0
10
20
30
40
50 km
BALI SEE
BALI SEE
Kubutambahan
S.-Pabeanbuleleng
Singaraja
Sawan
Tejakula
Gilimanuk
Pengastulan
Gn. Merbuk
1386 m
S. Melaya
S. Daya
Gn. Patas
1580 m
D. Buyan
D. Tamblingan
D. Bratan
Gn. Catur
2096 m
Penulisan
Gn. Batur
1717 m
Batur
D. Batur
Tianyar
Kubu
Gn. Abang
2153 m
Melaya
S. Saba
Pulukan
Gn. Sangiyang
2093 m
Pupuan
Yeh Ayung
Negara
Cupel
Mendoyo
Gn. Batukau
2276 m
Gn. Agnung
3142 m
Amed
Culik
Tampaksiring
Besakih
Pulukan
Rendang
Gn. Seraya
1175 m
Penebel
Bangli
Amlapura
Straße
von Bali
Yehunda
Asak
Tenganan
Manggis
Sangeh
Antosari
Ubud
Pejeng
Klungkung
Tabanan
Mengwi
Gianyar
Penet
Kusamba
Straße
von Lombok
Tanahlot
Batubulan
Straße
von Badung
INDISCHER
OZEAN
DENPASAR
Sanur
Kuta
Flughafen
Benoa
Nusa Dua
Uluwatu
NUSA
PENIDA
Thailand
Laos
Vietnam
Kambodscha
Philippinen
Malaysia
Singapur
0°
Kalimantan
INDONESIEN
Sulawesi
Sumatra
BALI
Java
Timor

Vorwort

Mitte der sechziger Jahre, als in Sanur gerade das erste Komfort versprechende Hotel fertiggestellt wurde, besuchte ich Bali zum ersten Mal. Damals war die Insel genau so, wie von Vicki Baum in ihrem wunderbaren Bali-Roman beschrieben, wie auf den Bildern von Walter Spies, die ich zuvor in Amsterdam gesehen hatte, dargestellt. Nichts stellte sich zwischen mich und die Insel, ihre Menschen, ihre Tempel und Dörfer, ihre großartige Natur-Kulisse. Nirgendwo sonst, obwohl ich bereits viele Inseln des Südpazifik, große Teile Afrikas, Asiens und Amerikas bereist hatte, hatten mich Schönheit und Ursprünglichkeit so unvermittelt angesprochen wie in Bali. Ein wirklich Rousseausches Paradies!

Auch heute noch zeigt Bali unverändert paradiesische Züge. Zwar besuchen jährlich mehr als zwei Millionen Ausländer, darunter etwa hunderttausend Deutsche, dieses Eiland, das in den Prospekten der Tourveranstalter vorzugsweise als »Insel der Götter« vorgestellt wird. Derartige Besucherzahlen lassen befürchten, daß Bali davon nicht unberührt bleiben kann. Feldforschungen und wissenschaftliche Analysen, die versuchen, die Vor- und Nachteile des Tourismus für Bali auszuloten, ergeben jedoch, daß der sogenannte Kultur-Tourismus durchaus segensreiche Entwicklungen bewirkt hat. Der Respekt der Besucher vor der Insel, ihren Menschen und ihrer Kultur vermittelt den Baliern Selbstsicherheit und hilft, die kulturhistorische Substanz zu erhalten und zu fördern. Tausende von Baliern verdanken dem Kulturtourismus ihre Existenzgrundlage.

Dagegen ist Bali für einen reinen Badeurlaub natürlich viel zu schön, tiefgründend, verwirrend. Von daher ist der Versuch zu begrüßen, daß man einem reinen Badetourismus, der in den sechziger Jahren in Sanur und Kuta begonnen hatte, jetzt auf die südliche Halbinsel Nusa Dua konzentriert, fernab von den Dörfern, Reisfeldern und Bergen Balis.

Ich rechne mir das Verdienst zu, Helfried Weyer Ende der siebziger Jahre dazu veranlaßt zu haben, nach Bali zu reisen. Dazu gehörte für mich damals nicht sehr viel Überzeugungskraft. Ich verstand nicht, daß er ständig von seinen »kalten« Besuchszielen – Grönland, die Arktis und immer wieder Island – schwärmte, für die ich mich nun gar nicht erwärmen konnte.

»Flieg doch mal nach Bali!« Er tat es – und kam nicht wieder los von dieser Insel. Der »Bazillus Bali« hatte auch ihn befallen – und dagegen, das kann ich garantieren, gibt es keine Immunität.

Das paradiesische Eiland becirct seine Besucher unverändert und mit nicht nachlassender Intensität. Helfried Weyers Buch ist ein lebendiger Beweis dafür.

Horst Kitzki

Wie viele Tempel es auf Bali gibt, weiß niemand genau. Sicher sind es über 20 000. Der kleine Meerestempel Tanah Lot an der Südwestküste Balis gehört aufgrund der spektakulären Sonnenuntergänge, die hier stattfinden (und weil er nur eine Autostunde von den Touristenzentren im Süden Denpasars entfernt liegt), zu den meist besuchten und fotografierten Tempelanlagen Balis. Tanah Lot bedeutet »Land – Meer«, bei Ebbe ist die Tempelanlage leicht zu Fuß vom Festland aus erreichbar.

Sattgrüne Reisfelder bestimmen große Landschaftsteile der tropischen Insel. Der Reis braucht 120 Tage bis zur Reife, so sind auf guten Feldern (den Sawahs) drei Reisernten pro Jahr möglich. Bali erzeugt heute so viel Reis, daß er exportiert werden kann.

Im Feuerring

Um vier Uhr früh schrillt der Wecker und läßt mich instinktiv zur Taschenlampe greifen, denn Netzstrom gibt es nachts in dem winzigen Ort Toya Bungkah am Batursee nicht. Kaltes Wasser aus einer Schüssel bringt Renate, meine Frau, Reisegefährtin und fotografische Assistentin, und mich auf die Beine, heißer Kaffee und eine Handvoll Kekse beenden die viel zu kurze Nachtruhe endgültig. Zusammen mit Putuh, unserem Bergführer, verlassen wir mit Taschenlampen in den Händen und leichtem Gepäck auf dem Rücken das kleine gemütliche Home Stay Hotel von Nyoman Mawa. In einem trockenen Flußbett geht es leicht bergauf, über uns funkelt die Milchstraße im pechschwarzen Nachthimmel. Das Auge gewöhnt sich rasch an den matten Glanz, die Taschenlampe wird überflüssig und wandert in den Rucksack.

Der gut ausgetretene Pfad windet sich zunächst an den letzten Häusern und Hütten von Toya Bungkah vorbei, von denen uns die Dorfköter nachkläffen, und führt dann steiler werdend in dichten Nadelwald, der noch dunkler ist als die Nacht. Die Luft ist tropisch warm, aber nicht heiß. Geradezu angenehm für eine derart frühe Bergwanderung. Während der ersten Stunde sprechen wir kaum, hören nur unsere eigenen Schritte auf dem grobkörnigen Sandboden und das unvermeidbare Keuchen bei den jetzt immer häufiger werdenden Steilstufen.

Feuchter Nebel, vom nahen Batursee aufsteigend, verfolgt uns und bleibt schließlich in der unteren Waldzone hängen. Der Wald scheint sich zu lichten, der Pfad führt jetzt in steilem Zickzack über Schlacke und Lavafelder. Von Zeit zu Zeit müssen wir sogar über große Felsbrocken klettern und die Hände zum Ziehen, Halten und Abstützen gebrauchen.

Plötzlich hören wir Kinderstimmen hinter uns. Bald schon haben uns einige Mädchen und Jungen eingeholt. Ich staune über ihr unzureichendes Schuhwerk – die nackten, braunen Füße stecken in billigen Strandsandalen und völlig zerfetzten Turnschuhen. Auf ihren schmächtigen Schultern tragen die Kinder halbvolle Wassereimer mit Coca-Cola Flaschen. Trotz ihrer wahrhaft unbequemen Lasten sind sie viel flinker und geschickter als wir in unseren warmen Trekkingstiefeln.

»You want cold drink?«

»Thank you, not now, maybe later, at the top.«

»Du deutsch? Ich spreche deine Sprache. Also gut, at the top werde ich dir kalte Cola geben.«

»My name is Ayu, please buy a Coke from me, the Coke is very cold, try it!«

Ein junges Mädchen hält mir fröhlich lachend eine wirklich kalte Flasche entgegen. Ihr hübsches Gesicht und ihre natürliche Anmut haben schon fast gewonnen, und ich verspreche auch ihr, oben auf dem Gipfel

Der Mount Gunung Agung (3142 m) ist der höchste und heiligste Berg Balis und nach dem Glauben der Balier der Wohnsitz ihres Gottes Siwa. Die Aufnahme entstand kurz vor Sonnenaufgang vom Gipfel des ebenfalls heiligen Berges Mount Batur.

etwas zu kaufen. Die Kinderschar wird nun immer größer und die Enttäuschung über unseren geringen Durst auch. Erst ein Machtwort von Putuh bringt die Bande endlich etwas auf Distanz. Die Kinder bleiben uns dicht auf den Fersen, wohl hoffend, daß wir im letzten Steilstück doch noch durstig werden.

Im Osten beginnt es zu dämmern, und über den farblosen Nebelschwaden, die längst tief unter uns liegengeblieben sind, erkennen wir schwach und silhouettenhaft die Berge der Nachbarinsel Lombok. Lombok liegt nur vierundzwanzig Kilometer südöstlich von Bali, und doch trennen Welten diese beiden Inseln. In der Wasserstraße zwischen Bali und Lombok verläuft die sogenannte Wallace-Linie – eine nach dem englischen Zoologen Alfred Russel Wallace (1823–1913) benannte Grenze zwischen zwei grundverschiedenen evolutionären oder zoogeographischen Naturzonen. Im Westen dieser Linie finden wir die reine Flora und Fauna des subtropischen Südostasiens vor, ungetrübt von australischen Einflüssen; östlich von ihr schließt sich eine Zone an, die sowohl australische als auch asiatische Tierarten enthält. Diese Zone reicht bis zur Lydekker-Linie, die vor Neuseeland vorbeiführt. Im Osten dieser Linie schließlich existiert ausschließlich die Tier- und Pflanzenwelt Australiens. Wallace machte diese Entdeckung in der Mitte des vergangenen Jahrhunderts und schrieb darüber 1868 in einem aufsehenerregenden Expeditionsbericht:

»Der große Gegensatz zwischen den beiden Abschnitten des (indonesischen) Archipels tritt nirgends so kraß zu Tage wie beim Übergang von der Insel Bali zur Insel Lombok, wo beide Regionen (die südostasische und die australische) am nächsten zusammentreffen. In Bali gibt es Bartvögel, Drosseln und Spechte; nach der Überfahrt von Bali nach Lombok sieht man hiervon keine mehr, dafür im Überfluß Kakadus, Honigsauger und Buschhühner, die dagegen auf Bali oder jeder anderen, weiter westlichen Insel fehlen. Die Wasserstraße ist hier nur fünfzehn Meilen breit, so daß wir in zwei Stunden von einem großen Abschnitt der Erde zum nächsten wechseln können. Wobei sie sich in ihrem Tierleben so wesentlich wie Europa von Amerika unterscheiden.«

Westlich der Wallace-Linie finden sich weder Paradiesvögel noch Beuteltiere, östlich von ihr weder Tiger noch Elefanten oder gar Reste der Frühmenschen. Das Auffinden dieser verblüffenden Linie durch Alfred Russel Wallace veranlaßte den ebenfalls englischen Naturforscher Charles Darwin (1809–1882), seine Erkenntnisse zur Evolution vorzeitig zu veröffentlichen. Ursprünglich hatte er damit bis zu seinem Tode warten wollen, da er sich des zu erwartenden Grolls der Kirche angesichts seiner Theorie voll bewußt war. Darwin, der sich vor seinem naturwissenschaftlichen Studium in Cambridge intensiv mit Theologie befaßt hatte, erkannte klar, daß seine These, der Mensch sei von Gott unabhängig durch die Natur erschaffen worden, eine ungeheure Gotteslästerung darstellen und als These das viktorianische England tief erschüttern würde.

Wallace forschte acht Jahre lang in Indonesien und sammelte dabei mehr als hundertfünfundzwanzigtausend Pflanzen und Tierarten. Im Rahmen seiner Studien betrachtete er die Eingeborenen, denen er begegnete, als »faszinierende und gleichrangige Menschen«, während Darwin dieselben als »eine niedere Ordnung der menschlichen Rasse« bezeichnete.

Alfred Russel Wallace kam demzufolge unabhängig von Darwin noch vor diesem zu ganz ähnlichen Forschungsergebnissen. Dennoch blieb er weitgehend unbekannt, während Darwin weltberühmt wurde. Der Balikenner Lawrence Blair, den der ARD-Weltenbummler Hardy Krüger als »Lawrence von Indonesien« bezeichnet, ist ein großer Wallace-Verehrer und folgte zehn Jahre lang den Spuren dieses Forschers. Seine unglaublichen Abenteuer und Erfahrungen hat er zusammen mit seinem Bruder Lorne in dem dreitei-

Lawrence Blair, von Hardy Krüger »Lawrence von Indonesien« genannt, ist eigentlich Engländer. Er hat in Los Angeles studiert und ist dann ausgestiegen – nach Bali. Wir durchstreiften wochenlang gemeinsam die indonesische Inselwelt.

Lorne Blair hat zusammen mit seinem Bruder Lawrence die schönsten und informativsten Filme über Bali (für die BBC) gedreht, die ich kenne. Jedes Gespräch mit den beiden Blair-Brüdern war für Renate und mich ein großer Gewinn an Insider-Informationen.

ligen BBC-Film »Ring of Fire« sowie in seinem gleichnamigen Buch der Öffentlichkeit vorgelegt. Wir waren mit Lawrence und Lorne wochenlang auf Bali und anderen indonesischen Inseln unterwegs und verdanken den beiden heute auf Bali lebenden Abenteurern sehr viel Wissen aus erster Hand.

Asche erschwert jetzt den immer steiler werdenden Aufstieg. Da ist plötzlich der Gipfel im beginnenden Tageslicht zu erkennen, oder besser gesagt, der Kraterrand des Mount Batur (1717 Meter). Die kleine Holzhütte, die dort oben für einfache Übernachtungen und zur Bereitung von Tee und Kaffee errichtet worden ist, zeichnet sich nun ganz deutlich ab, denn das bisher fahle Licht aus dem Osten vertreibt sehr rasch die letzten schwarzen Schatten der vergehenden Nacht. Viel schneller als in unseren nördlichen Breiten daheim. Nach knapp zwei Marschstunden sind wir oben und erschrecken über den eisigen Wind, der unsere vom Steigen stark erwärmten Körper plötzlich anfährt. Schnell schlüpfen wir in die mitgebrachten schützenden Jacken, während die Kinder um uns herum sich ihre leichten Tücher um die zitternden Schultern wickeln.

»Now you want cold drink?«

Die Kinder sind nicht zu entmutigen. Ein halbes Dutzend Hände streckt uns Cola, Limo und Wasser entgegen, und alle Mädchen und Jungen behaupten:

»You promised me.«

Nachts sahen sie doch alle gleich aus, wem haben wir nun wirklich das »große Geschäft« versprochen? Richtig, da lacht mich Ayu mit ihren verführerischen dunklen Kulleraugen an und ich kaufe ihr eiskalte Limonade und eine große Packung Kekse ab. Eigentlich möchte ich viel lieber den heißen Tee trinken, den Putuh zusammen mit gekochten Eiern und belegten Broten in seinem Gepäck trägt. Unser mitgebrachtes zweites Frühstück wandert in die dankbaren Kinderhände der geschäftstüchtigen kleinen Händler vom Batur.

Schwefeldämpfe verstärken hier oben die Müdigkeit. Der Vulkan, den wir erklommen haben, ist noch aktiv, wie allzu deutlich zu riechen ist. Sein Schlackenkrater, etwa fünfzig Meter unter uns, stößt heißen Dampf aus Löchern und Ritzen. Tief unter uns brodelt ein Meer aus Wolken und Nebel über dem Batursee. Noch ist es dicht geschlossen und kaltblau. Dahinter, im Südosten, erhebt sich der gewaltige, gleichmäßige Kegel des 3142 Meter hohen Mount Gunung Agung. Die schmalen Wolkenbänder hinter dem Vulkan sind so blau wie die Nebelbänke an seinem Fuß, aber der Himmel darüber färbt sich intensiv violett.

Nach der Mythologie Balis wohnt auf diesem höchsten Gipfel der Gott Siwa und wacht über alle Menschen, Tiere und Pflanzen der Insel. Der heilige Berg Gunung Agung stellt deshalb für alle Balier den Mittelpunkt ihres Kosmos dar, der Gipfel wird zum Fixpunkt jeder Orientierung. Ganz gleich, wo man sich auf Bali befindet, die Richtung zum Agung-Gipfel ist immer eine zum Himmel zeigende, positive Linie, die als Kaja bezeichnet wird. Die Gegenrichtung, Kelod genannt, ist negativ und verläuft in jedem Fall und nach allen Seiten hinunter zum die Insel umspülenden Meer. Das mag auch der bewußte oder unbewußte Grund dafür sein, daß die Balier das Meer fürchten und nie gute Seefahrer oder Fischer gewesen sind.

Angeblich fürchten sie sich vor gefährlichen Seeschlangen, angriffslustigen Haien, giftigen Stachelfischen und ätzenden Quallen. Vicki Baum schreibt in ihrem 1937 erschienenen Roman »Liebe und Tod auf Bali« zur Strandung des chinesischen Schiffes »Sri Kumala«: »Alle schrien auf, als die jungen Männer im Meer verschwanden, um die Schiffbrüchigen zu retten, denn die Leute von Sanur fürchteten das Wasser.« Wir selbst haben gute Freunde auf Bali, unter ihnen auch Geschäftsleute, die regelmäßig Europa besuchen und die moderne Welt gut kennen und schätzen. Doch auch sie können nicht schwimmen und fürchten sich vor dem Wasser.

Auf der Nachbarinsel Lombok dagegen, die jetzt neben dem aufgehenden Sonnenball deutlich zu sehen ist, leben heute vorwiegend Muslims, also Menschen einer ganz anderen Glaubensrichtung. Unter ihnen gibt es heute professionelle Fischer und Piraten, die ihren rechtmäßigen oder auch zweifelhaften Lebensunterhalt auf dem Wasser verdienen.

Der Mount Batur, auf dem wir uns befinden, ist für die Balier ebenfalls ein heiliger Berg und Wohnsitz ihrer Götter. Die Schöpfungsgeschichte ist hier auf Bali durchaus noch nicht beendet. Die Götter basteln und formen unermüdlich weiter an der tropischen Insel. Allein in unserem Jahrhundert brachen die Vulkane Agung und Batur mehrfach aus und spuckten Glut und Asche, Tod und Verderben in die wilde, mondähnliche Umgebung. 1917 zerstörte ein gewaltiger rotglühender Lavastrom aus der Flanke des Mount Batur über sechstausend Häuser und mehr als zweitausend Tempel. Tausenddreihundert Menschen fanden bei der Vulkankatastrophe den Tod.

Schon neun Jahre später, 1926, floß das heiße Erdinnere erneut aus dem Berg und vernichtete den letzten, 1917 nicht zerstörten Tempel.

Im Februar 1963 bereiteten die Balier ihr heiliges Ritual des Eka-Dasa-Rudra-Festes im Muttertempel Besakih an den Hängen des Gunung Agung vor. Dieses Fest ist das größte Opferfest auf Bali und wird nur alle hundert Jahre gefeiert. Plötzlich leuchtete roter Feuerschein vom Krater des Agung und schwarze Wolken jagten in die Luft. Die Vorbereitungen zum Fest wurden trotzdem fortgesetzt, wobei die vom Himmel herabfallende Asche als symbolische Tempelreinigung angesehen wurde.

Am 8. Februar schließlich explodierte der Berg, die Erde Balis zitterte. Vier Tage später schleuderte der Vulkan Felsgestein und Schlamm aus seinem Krater, und am 17. März ergossen sich rotglühende Lavaströme über die Hänge. Rauch und Asche verdunkelten die Sonne. Wie durch ein Wunder blieb der Besakih-Tempel verschont, da sich der todbringende Lavastrom vor dem Heiligtum geteilt hatte. Die im Tempel angstvoll betenden Balier überlebten. Lava und Asche vernichteten die Reisernte und legten ein zwei Meter dickes schwarzes Leichentuch um den Vulkan. Fünf Dörfer wurden total zerstört, knapp viertausend Menschenleben waren zu beklagen. Über fünfundsiebzigtausend Inselbewohner wurden bei dieser Katastrophe obdachlos. Die Vulkanasche schoß bei zwei Explosionen hoch in die Stratosphäre und gab dem Himmel über Bali eine dunkelviolette Färbung.

Die gewaltige Caldera zwischen Agung und Batur, mit etwa einhundertvierzig Quadratkilometern eine der größten und schönsten auf der Erde, wurde vor Jahrmillionen durch eine ungeheure Explosion aus der Erde gesprengt. An ihr befindet sich der großartige und sehr fischreiche Batursee. Der Gunung Agung liegt etwa zehn Kilometer südöstlich des Kraterrandes.

Ein letzter Ausbruch forderte im Juli 1976 auf Bali weitere sechshundert Todesopfer; 1979 wurden im Norden der Insel bei einem Erdbeben zahlreiche Häuser und Tempel zerstört. Dennoch ziehen die Menschen immer wieder an die Hänge der heiligen Vulkane, weil dort der Boden besonders fruchtbar ist, und ergeben sich damit in ein nach ihrem Glauben gottgewolltes Schicksal.

Ein Drittel aller tätigen Vulkane unserer Erde befindet sich in Indonesien; im Durchschnitt bebt dort die Erde dreimal pro Tag mit Stärke 5 auf der Richterskala. Von den rund einhundertachtzig Millionen Menschen leben etwa einhundertsechzig Millionen an den Hängen oder in der Nähe von Vulkanen und ernten auf vulkanischen Böden.

Im Dezember 1992 bebte Indonesiens Erde schon wieder. Ein gewaltiger Erdstoß forderte auf der Insel Flores – nur eine Flugstunde östlich von Bali – über dreitausend Menschenleben, mehr als achttausend Menschen wurden dabei verletzt und über fünfzigtausend Einwohner obdachlos. Den Sachschaden bezifferte die Regierung in Jakarta auf etwa einhundertdreißig

Zwischen den Wolken ragen die Bergspitzen von Balis Nachbarinsel Lombok empor, die nur wenige Meilen entfernt im Osten liegt und doch von Menschen aus einem ganz anderen Kulturkreis bewohnt wird. Auch die Tiere und Pflanzen der beiden Inseln Bali und Lombok sind sehr unterschiedlich.

Millionen Mark. Ganz besonders hart betroffen war die Küstenstadt Maumere auf Flores, wo es allein fast zweitausend Todesopfer gab.

Ein Vulkanausbruch kann in Minutenschnelle eine heitere Landschaft in ein tödliches Chaos verwandeln. Aber wenn sich der Berg auch nur scheinbar wieder beruhigt hat, kehren die Menschen – sofern sie überlebt haben – zurück, denn selbst dicke Ascheschichten, die jetzt auf den Feldern, der Ernte und über ganzen Dörfern liegen, sind letzten Endes ein großer Segen für die zuvor gepeinigten Bewohner. Die glasartigen, sterilen Partikel der Asche zerfallen rasch und geben dem Boden lebenswichtige Spurenelemente wie Kalium und Phosphor, so daß nach der Katastrophe Böden von unvergleichbarer Fruchtbarkeit entstehen. Und mehr noch: Wissenschaftler neigen zu der Ansicht, daß ein Leben ohne Vulkanismus auf unserer Erde gar nicht möglich wäre, denn die lebensspendende Atmosphäre auf der Erde und in den Ozeanen wurde vermutlich im Laufe von Jahrmillionen durch die Entgasungsprozesse aus dem Kern unseres Planeten abgesondert. Wenn diese Theorie stimmt, sind die Vulkane ein notwendiges Urventil aus dem Erdinneren an die verkrustete, unser Leben ermöglichende Oberfläche.

Die Menschheit macht sich Sorgen um das immer größer werdende Ozonloch, und wir wissen, daß die sehr langlebigen Fluorchlorkohlenwasserstoffe – bekannt als FCKWs –, die wir selbst produzieren, einen Teil der Schuld tragen. Wissenschaftler sind sich aber inzwischen einig, daß auch Substanzen, die der philippinische Vulkan Pinatubu, gar nicht weit von Bali entfernt, in den vergangenen Jahren in die Atmosphäre spuckte, zu dieser dramatischen Katastrophenentwicklung beigetragen haben.

Balis aktive Vulkane werden noch lange leben und beben, denn sie gehören zu einem großen Ring aus feuerspeienden Bergen, der den indonesischen Inselgürtel durchzieht, zum sogenannten Feuerring um den Pazifik. Dieser schließt auch den Pinatubu ein. Im September 1983 bestiegen unsere Freunde Lawrence und Lorne Blair während eines Ausbruchs einen, den 1925 aus dem Meer in der Sundastraße neugeborenen Anak Krakatau (Kind des Krakatau), um vor seinem glutspeienden Krater Seifenblasen in die Luft zu pusten! »Lawrence von Indonesien« ist ebenso Abenteurer wie Philosoph, etwas verrückt und genau deshalb so liebenswert und interessant. Er erzählte:

»Der Vulkan brach in regelmäßigem Rhythmus von etwa acht Minuten aus, was von zwei verschiedenen fürchterlichen Geräuschen begleitet wurde. Das erste erfolgte, während die ganze Insel wie ein Wackelpudding zitterte: Der Krach kam aus nächster Nähe und hörte sich an, als reibe ein Riese gewaltige Berge von Packpapier gegeneinander. Darauf folgte eine Art Getöse wie auf einer Kegelbahn; es wurde verursacht durch Steine und Brocken, die aus großer Tiefe kamen und teils als Querschläger gegen die Kraterwand prallten, teils über unsere Köpfe hinweg in einer Wolke aus Schutt, Asche und Rauch herausgeschleudert wurden. Unsere Kleidung und Ausrüstung waren von den feinsten, schwarzen Staubpartikeln wie getränkt. Jedesmal, wenn ein fußballgroßer Lavabrocken in der Nähe niederging, dachte ich an einen javanischen Guru, mit dem wir uns kürzlich unterhalten hatten und der seinen Zuhörern beizubringen vorgab, wie man durch den Regen kommt, ohne naß zu werden. Das hier war ein Ort gebündelter Energie, gemieden sowohl von der modernen Seeschiffahrt als auch von den einheimischen Fischern, und außerdem war es eine Gelegenheit, den unterirdischen Mysterien des Vulkanismus an diesem fremdartigen Ort Ehrfurcht zu zollen: Hier, wo eine der fürchterlichsten Eruptionen in der historischen Zeit stattgefunden hatte (der Krakatau-Ausbruch des Jahres 1883), wollten wir Einheit und Zerbrechlichkeit der Erde demonstrieren, indem wir Seifenblasen über den Krater hinweg bliesen. Es war kaum vorstellbar, daß ein so einfaches Vorhaben für ein paar wenige

Goldenes Licht liegt über dem Batursee. Hoch oben auf dem Gipfel des Vulkans erleben wir, wie die Sonne rasch an Kraft gewinnt und den Nebel unter uns besiegt.

Filmsekunden derart schwierig sein kann. Es kam uns vor, wie eine Symbolhandlung für all unsere Abenteuer, in denen wir stets versucht hatten, allen Widerwärtigkeiten eine Kette von klaren Spiegeln entgegenzusetzen. Besondere Aufmerksamkeit schenkten wir zu allererst der Qualität des Seifenpulvers und dem Glycerin, dann dem Ausprobieren der richtigen Mischung für extra starke Blasen.

Leider überdauerten die glitzernden Kugeln in dem ständigen Nieselregen aus Vulkanasche, wenn auch zu Tausenden erzeugt, nur einen enttäuschenden Sekundenbruchteil. So vermittelte uns der Anak Krakatau die ganze Zerbrechlichkeit unserer Welt, zumal er für uns das Tor zur ozeanischen Hemisphäre darstellte. Denn er ist nur einer von zahlreichen aktiven Vulkanen, die in einem den Pazifik umspannenden Ring – hier als indonesischer Bogen – den sogenannten zirkumpazifischen Feuerring bilden. Um in ihn einzutreten, muß man die Schwelle zu einer anderen Dimension überschreiten, und diese gibt uns trotz aller handfesten Gaben an den Westen im Laufe der Jahrhunderte immer noch dieselben Rätsel auf wie den ersten Seefahrern.«

In diesem indonesischen Inselgürtel liegen mehr als hundert aktive Vulkane, zu denen auch Batur, Agung und alle anderen Feuerberge Balis gehören.

Unsere Erde ist etwa 4,5 Milliarden Jahre alt und die erkaltete, harte und doch so dünne Kruste, auf der wir Menschen leben, eine Milliarde Jahre jünger. Diese Kruste schwimmt wie leichte Schlacke auf der wabbernden Glut des Erdinneren. Durch Sog und Hubwirkung ist sie in einzelne Platten zersprungen, die langsam aber stetig gegen- und auseinandertreiben. Wo solche Platten aneinanderstoßen, kommt es zu Überschiebungszonen unter der Erde und zu gewaltigen Faltenquetschungen über ihr (d. h. zu Gebirgen und zu vulkanischer Aktivität).

Vor etwa fünfundzwanzig Millionen Jahren erreichte die große, aus dem Süden kommende Ozeanplatte den asiatischen Kontinentalrand und stauchte ihn so kräftig, daß die Insel Borneo (auch Kalimantan genannt) als erste aus dem Meer stieg. In der Folgezeit wurden auch die anderen Inseln einschließlich Balis durch das Schieben und Drängen der Ozeanplatte auf den Festlandsockel praktisch aus dem Meer gequetscht. Während der verschiedenen Eiszeiten gab es Landverbindungen zwischen den Inseln – bis nach Bali vom Westen und bis nach Lombok vom Osten. Deshalb konnten Tiere und Pflanzen aus beiden Richtungen einwandern. Zwischen Bali und Lombok sinkt das Meer noch heute bis auf eine Tiefe von eintausend Metern ab und bildet demzufolge also eine ganz natürliche Grenze. So entstand die Wallace-Linie.

Die Ozeanplatte driftet auch heute noch unaufhaltsam nach Norden gegen die indonesische Inselkette, jährlich bis zu sieben Zentimeter. Die nächste Vulkankatastrophe ist also schon vorprogrammiert.

Und jetzt stehen wir hier in der wärmenden Morgensonne mitten auf diesem Feuerring und ahnen, wie Bali vor Jahrmillionen aus dem Meer wuchs, begreifen, warum die Balier tagtäglich ihre Opfergaben zu den Tempeln bringen, um die unbekannten Kräfte der Natur zu besänftigen und ihre Götter um Schutz zu bitten. Die Sonne hat ihren kurzen Kampf gegen den Nebel gewonnen. Blau und trügerisch ruhig liegt der Batursee unter uns, und die uns begleitende Kinderschar weiß, daß sie uns bei der rasch steigenden Tageshitze bald schon neue kalte Getränke verkaufen kann.

Sven Hedin und von einem Herbert Tichy oder Heinrich Harrer viel intensiver erleben und begreifen.

Wer, trotz westlicher Hektik, die Fähigkeit zum intensiven Eintauchen in eine fremdartige Kultur mit sich bringt, der wird erfahren, daß beim Gedröhn des Gamelanorchesters, im Trancezustand oder beim Tanz der zierlichen Legong-Mädchen etwas Unbegreifliches geschieht. Götter und Dämonen sind allgegenwärtig auf Bali. Sie sind mitten unter den Menschen, nehmen teil, nichts funktioniert ohne sie. Das Bemo, das Sammeltaxi in Form eines Personen-Kleinlasters, wird ohne ihre Zustimmung ebensowenig sein Ziel erreichen wie das Fischerboot, und eine Ehe wird erst dann Kindersegen bringen, wenn die Götter es so wollen.

Die Ganzheit des Kosmos scheint hier auf Bali noch vollkommen; selbst Touristen können die Totenverbrennungen oder das Opferritual im Tempel nicht stören. Die Gläubigen nehmen die Besucher kaum wahr, so versunken sind sie in ihre Zeremonien – das gilt ganz besonders für den Trancezustand. Fasziniert und doch fast neidisch erleben wir die tiefe Frömmigkeit und die kindliche Fröhlichkeit, selbst bei der farbenprächtigen und in manchen Szenen für uns doch schockierenden Leichenverbrennung.

Ja, alle Menschen sind hier Künstler, Lebenskünstler, ebenso wie die Natur, die das Leben und diese lieblich grünen Landschaften geschaffen hat. Zwischen Himmel und Erde taumeln grellbunte Schmetterlinge, Käfer und exotische Vögel vor roten Hibiskusblüten, feurigen Weihnachtssternen und violett leuchtender Bougainvillea.

Täglich schmücken die Menschen ihre steinernen Götter mit frischen Blumen aus dem großen Garten Bali. Auch der Taxifahrer zündet ein Räucherstäbchen für die Götter an, bevor er sich in den chaotischen Verkehr von Denpasar stürzt. Weihrauch schützt vor Unfällen doch besser als jede Verkehrsregel!

Bevor der indisch geprägte Hinduismus durch die Immigration der javanischen Intellektuellen eine neue Kulturepoche auf der Insel einläutete, war unter den Reisbauern der Animismus weit verbreitet und tief im Volk verankert. Das lateinische »anima« bedeutet Seele, Animismus ist dementsprechend der Glaube an die Beseeltheit der Natur, der zur Kultur vieler Naturvölker gehört.

Ein Stein besitzt ebenso eine Seele wie ein Schmetterling. Das Wasser ist beseelt, und auch das Feuer, der Wind, die Blume, der Regenwurm. Selbst die verschiedenen Arten von Geistern zeichnen sich durch Seelen aus, und dieses Seelenleben kann sich auf das Befinden des Menschen positiv oder auch negativ auswirken.

»Glück hat«, so sagt ein Sprichwort, »wer einen Pfahl in die Erde steckt und bald schon Äpfel von ihm pflücken kann.« Auf Bali hat der Glück, der die Seelen der Dämonen durch Opfer und Rituale gnädig stimmt und das Wohlwollen der Geister und Götter auf seiner Seite hat. Dieser frühe balische Animismus wurde durch den Hinduismus nicht abgelöst oder gar ausgelöscht, sondern nur überlagert. Er lebt bis heute ungebrochen weiter.

Da gehen wir durch das Touristenzentrum von Sanur, ständig wachsam, damit wir nicht in ein offenes Kanalloch fallen oder über sonstige Hindernisse auf dem schmalen Gehsteig stolpern, und dabei sehen wir vor fast jedem Hauseingang kleine Arrangements aus einem grünen Blatt mit einer schon verwelkten Hibiskusblüte und einigen Reiskörnern, die da scheinbar zufällig herumliegen. Oft glimmt noch ein Weihrauchstäbchen auf oder neben dem Blatt. Die Dorfköter kommen und lecken den Reis von den Untersätzen. Gleiches findet sich auch auf der Marmortreppe vor der neuen Bank. Diese Opfergaben werden überall auf Bali frühmorgens von den Frauen zusammengesteckt und auf dem Erdboden ausgelegt. Die handgroßen Opferdarreichungen sind für die Buta-Kalas, die bösen Geister, bestimmt, die sich nach dem balischen Glauben vor allem auf dem Boden bewegen. Reis und Blüten sollen ihnen gefallen, sie anlocken und beschwichtigen, und schließlich am Eindringen in den Laden, das Wohnhaus oder auch die moderne Bank hindern.

Greift ein Kind nach diesen zahllosen grünen Blättern oder gar nach dem Reis, dann gibt es blitzschnell etwas auf die Finger. Das merkt es sich! Schnappt sich dagegen ein Hund so eine halbe Handvoll Reis, läßt man ihn gewähren, denn er könnte ja den bösen Geist durchaus mitverschlucken. So erlebt man hier noch heute tagtäglich das lebende Erbe des Animismus.

Mancher Besucher beginnt genau an dieser Stelle wieder mit westlichen Maßstäben zu messen und erklärt den verblüfften Baliern, daß durch solchen »Unfug« nur Ratten angelockt werden, und mit ihnen Krankheiten. Natürlich ist dieses richtig, aber viel zu rational gedacht, läßt es doch den Seelenfrieden des Volkes völlig außer acht. Wie sollten denn die Balier ohne Besänftigung der Dämonen der Unterwelt den Tag überstehen?

Wir reisen viel, mit großer Freude und offenen Augen, und haben unser Haus daheim mit zahlreichen exotischen Dingen aus aller Welt geschmückt. Masken aus Schwarzafrika und Indonesien, Gebetsfahnen aus Tibet, handgeschnitzte Tupilaks – Fabelwesen aus der Eskimokultur – und ein lachender Löwe aus Bali vor unserer Haustür – all diesen Dingen haben wir Namen gegeben; und sicherlich haben sie auch eine Seele, erzählen sie doch tagtäglich Geschichten aus der weiten Welt! Ertappen wir uns da nicht selbst bei einer Spielart des Animismus?

Und wer die große Saga »Ayla« von Jean M. Auel gelesen hat, weiß, daß der Jäger Jondalar schon vor 30 000 Jahren einen Hirsch tötete und dem verendeten Tier zurief: »Wenn du zur großen Erdmutter zurückkehrst, dann danke ihr in unserem Namen!« Sah Jondalar bei diesen Worten nicht auch die Seele im Hirsch und in der großen Erdmutter? Gewiß, es handelt sich um einen Roman, aber hätte die Autorin nicht so genau recherchiert, wäre ihr Buch sicher kein so großer Welterfolg. Formen der Beseelung hat es also schon immer und überall gegeben, wenn auch nicht so ausgeprägt wie auf Bali.

Der Hinduismus ist doppelt so alt wie das Christentum und lehrt seine Anhänger genau, was sie zu tun und zu lassen haben, aber nicht – im Gegensatz zu den Religionen des Christentums und des Islam –, was und an wen sie glauben sollen. Die Wurzeln des heutigen Hinduismus reichen weit zurück. Im zweiten Jahrtausend vor Christus drangen indoeuropäische Völker, vermutlich aus dem Kaukasus oder dem Baltikum, in Indien ein. Die hellhäutigen Krieger waren Arier, nach dem Sanskrit »die Edlen«, was eine Bezeichnung für den persischen Adel war. Diese Arier waren früher Hirten und verehrten aufgrund ihrer Tätigkeit die Natur – die Bäume, die Felder und den Himmel. Wie Homers Griechen opferten sie ihren Göttern meist Tiere, aber auch Korn, Butter und Gewürze, die sie in ihre Lagerfeuer warfen. Die dunkelhäutige Urbevölkerung Indiens wurde von den Ariern besiegt und unterworfen. Damit wurde Indien in zwei Klassen unterteilt: Sieger und Besiegte.

Diese Entwicklung stellte gleichzeitig den Anfang des Kastensystems dar, das im Hinduismus und damit auch auf Bali bis heute Gültigkeit besitzt. Hoch über dem Volk standen Herrscher und Priester, die in ihrem Sinnen nach Macht selbst zu Rivalen wurden. Beide strebten die höchste Kaste an, aber die Priester verstanden es, ihre Stellung zu stärken. Nur sie konnten die Menschen mit den für das ewige Leben notwendigen kosmischen Kräften in Berührung bringen. Ihre Riten wurden immer komplizierter und undurchsichtiger, bis schließlich auch die Krieger die uneingeschränkte Macht der Priester anerkennen mußten. Aus den einfachen Opfern der Hirten am Lagerfeuer wurden komplizierte Rituale; die geweihten Gaben wurden mit dem Rauch der Flammen zu den Göttern emporgetragen. Vermutlich sind hier bereits die Wurzeln der hinduistischen Totenverbrennung zu suchen. Auch maß die Priesterschaft der Rangordnung ihrer Götterwelt immer größere Bedeutung bei. Waren es zunächst

Waruna, Indra und Agni, die die Welt beherrschten, so wurden schon bald Brahma als Weltenschöpfer, Gott der Weisheit und Gerechtigkeit, Wisnu als Bewahrer der Welt und Prinzip der Unbesiegbarkeit des Guten sowie Siwa als Zerstörer, Erneuerer und Prinzip der Zeugungskraft auf den Plan gerufen.

Im Mittelpunkt der religiösen Vorstellung der Hindus steht der Glaube an die Seelenwanderung. Jedes Lebewesen besitzt eine unsterbliche Seele, die nach dem Tod des Körpers in einen neuen menschlichen oder tierischen Leib einzieht. Das Gewicht der guten Taten allein entscheidet, ob sich eine Seele nach dem Tod des Körpers verbessert oder verschlechtert. Das höchste Ziel des Hindu ist das Erreichen der Moksa, des hinduistischen Äquivalents zum Nirwana des Buddhismus. Dies aber ist nur möglich durch das ständige Aufsteigen von einer Daseinsform zur nächsten. Erst in der Moksa wird die Seele eins mit dem Brahman, der äußersten Realität, und kann so nach dem strapaziösen Kreislauf der Wiedergeburten endlich zur Ruhe kommen.

Die indischen Hindus bemühen sich, dieses Ziel durch Meditation, Yoga und Askese beschleunigt zu erreichen. Auch in Bali widmen sich Brahmanenpriester und ältere Menschen der Meditation und dem Yoga, weniger jedoch der Askese. Ein Leben in Liebe und Vertrauen zu den Göttern stellt für die Balier den besten Weg zur Erreichung der Moksa dar.

Der Hinduismus hat ganz Südostasien kulturell und religiös stark beeinflußt. Er faßte Fuß in Burma, Thailand, Laos, Kambodscha, Vietnam und auf vielen der fast vierzehntausend indonesischen Inseln. Überall – und das gilt ganz besonders für Bali – hat diese Religion Elemente in sich aufgenommen, die sie im Land bereits vorgefunden hat. Dementsprechend hat sie sich in unzählige Sekten und Richtungen geteilt.

So hat sich der Hinduismus auf Bali ganz deutlich mit dem schon beschriebenen Animismus vermischt. Höchster Gott und Bewohner des Gunung Agung ist hier Siwa, der auch in der Erscheinungsform des Sonnengottes Surya, als Mahadewa oder als Iswara vorkommt. Siwa wird oft symbolisch flankiert von seinen beiden Mitgöttern aus der bekannten Hindu-Trinität, Brahma und Wisnu. Doch gelten die beiden andererseits auch zugleich als spezielle Erscheinungsformen Siwas. Sein Äußeres ist vielfarbig oder auch leuchtend weiß.

Siwa symbolisch zur Seite sitzen zwei Frauen: die gefürchtete Durga als Göttin des Todes und der Bestrafung sowie Urmutter aller Hexen und die schöne Dewi Uma als Symbolgestalt der Liebe und Belohnung guter Taten. Auch Uma und Durga gelten wiederum als zwei Aspekte einer weiblichen Gottheit.

Brahmas Gefährtin ist die Göttin Saraswati, die auf Bali ganz besonders verehrt wird. Wisnu wird von der Göttin der Fruchtbarkeit, Dewi Sri, begleitet. Die Reisgöttin Dewi Sri wird immer in vollkommener Schönheit dargestellt und ist die am höchsten verehrte Gottheit der Reisbauern. Kein Reisfeld ist ohne Tempel, und wir haben oft beobachten können, wie junge und alte Frauen stundenlang und in größter Mittagshitze über die schmalen Dämme zwischen den gefluteten Reisfeldern balancieren, um in jeden der unzähligen Tempel Opfergaben zu legen. Wenn der Reis geerntet wird, werden die scharfen Messer vor den Augen Dewi Sris versteckt und man bittet die Göttin um Verzeihung.

Schließlich gibt es noch den göttlichen Vogel Garuda, der Wisnu einst aus großer Gefahr rettete und seitdem dankbar wie ein Gott verehrt wird.

Neben den heilvollen Göttern stehen die eher unheilvollen. Durga, der zerstörerische Aspekt der Gattin Siwas, ist Todesgöttin und schickt schlimme Krankheiten, gewährleistet aber zugleich auch gute Ernten. Eine ihrer Manifestationen ist die üble Hexe Rangda, die Schutzherrin der Leyaks. Diese sind hexerische Wesen, Verbreiter allen Übels, Urheber von Krankheiten, Plagen und Mißernten. Sie können nicht mit den üblichen Opfern beschwichtigt werden, sondern müssen mit Gegenzauber bzw. Exorzismus bekämpft werden. Zu den unheilvollen Gottheiten zählt auch der Meeresgott Dewa Baruna, dessen Element die Balier ohnehin nur wenig Zutrauen entgegenbringen.

Im achten und neunten Jahrhundert nach Christus kam der Buddhismus nach Bali und wurde – wie schon der Hinduismus – in die bestehenden Glaubenselemente eingegliedert. Bei größeren Zeremonien sitzt oft ein Pedanda-Buddha, ein Priester, neben dem Siwa-Brahmanen und unterweist die Zuhörer, das Seelenheil auf den von Buddha gewiesenen Wegen zu erlangen, wobei das Endziel – das Nirwana – das gleiche ist.

Es ist für den interessierten Besucher von Vorteil, zumindest einen kleinen Überblick über die Geister und Götterwelt Balis zu haben, denn sie spielen nicht nur bei den unzähligen Tempelritualen, sondern auch in allen Tanz- und Schattenspielen eine wichtige Rolle. Da kämpft Gut gegen Böse, wehren sich schöne Frauen gegen häßliche Hexen. Und dann – auch wenn sich das balische Publikum oft schreckhaft abwendet oder gar ängstlich die Hände vor Augen und Ohren hält – findet am Schluß immer eine Versöhnung der dunklen und der hellen Kräfte statt. Niemand siegt, weder Gut noch Böse, aber die Welt befindet sich wieder im Gleichgewicht zwischen Heil und Unheil, Schwarz und Weiß. Jeder atmet auf – selbst wenn er das Schauspiel schon hundertmal gesehen hat – und kann erleichtert nach Hause gehen.

Die Vulkankatastrophe des Gunung Agung im Jahre 1963 hat westliche Vulkanologen veranlaßt, ausführliche ökologische Studien zu betreiben, um die Balier zu lehren, wie und warum Vulkanausbrüche geschehen und wie man es heute nach westlichen Gesichtspunkten vermeiden kann, von solchen Katastrophen getroffen zu werden. Die Balier waren aufmerksame, interessierte Zuhörer – und doch, letztendlich blieb der Glaube, daß durch ihre Götter alle Systeme westlicher Logik und Rationalität außer Kraft gesetzt werden können und somit ihre Gültigkeit für ihre Insel verlieren.

Bali ist verwirrend schön und bleibt doch für uns Besucher in so vielen Punkten unverständlich. Vielleicht weil wir immer wieder – so wie die Vulkanologen – Logik und Glauben trennen, und den Sinn für die Einheit, für das Ganze verloren haben. Bei einem Besuch auf Bali verabschiedete uns Lorne Blair mit den Worten: »Ich lebe seit siebzehn Jahren auf dieser Insel. Aber ich weiß kaum etwas von diesem Land und seinen Menschen.« Nach einer kleinen Pause fuhr er fort: »Aber genau an diesem Punkt beginnt die Spannung solch einer Reise!«

Die Dorfgemeinschaft

Unser balischer Freund Prana wohnt in dem kleinen Dorf Uma Abyan Kampong, nur dreißig Autominuten von Denpasar entfernt, inmitten grüner Reisterrassen. Fünfunddreißig Familien leben in diesem Dorf, das nur über einen unbefestigten Weg zu erreichen ist. Ziegel und Holz bilden das Baumaterial für die Behausungen, die in der Regel mit einem dichten Strohdach bedeckt sind und an beiden Seiten der Hauptstraße liegen. Von der Straße aus sind die niedrigen Häuser kaum zu sehen, denn sie stehen hinter langen, hohen Mauern mit nur schmalen Eingängen, die wiederum keinen Blick auf die Gehöfte zulassen. Da stößt man gleich hinter dem Tor auf eine zweite Mauer, die das Gehöft gegen Buta-Kala, aber auch gegen die gefürchteten Leyaks schützen soll. Die Mauern werden von hohen, schattenspendenden Bäumen wie Bananenstauden, Kokospalmen und Papayabäumen überragt, deren saftige Früchte neben dem Reis zur alltäglichen Nahrung der Bewohner gehören.

Hier in Uma Abyan Kampong ist nichts von dem geschäftig lauten Rummel der Touristenzentren Kuta und Sanur zu spüren. Hier schlägt noch ganz unverfälscht das Herz von Bali: das Dorf und die Familie.

Die traditionellen Wohneinheiten bestehen aus einem verhältnismäßig großen Geviert mit Haupt- und Nebengebäuden, mit einem Küchenkomplex, einem Reisspeicher und einem eigenen Haustempel. Dieser nimmt den schönsten und wichtigsten Platz auf dem Grundstück ein und ist zum Gunung Agung ausgerichtet. Solch ein Familientempel, Sanggah genannt, ist oft von einer eigenen Mauer umgeben und besitzt mindestens vier Schreine. Der wichtigste ist der dreiteilige Ahnenschrein Sanggah Kamulan Trisakti, der Schrein des Ursprungs und der Trinität. Sein Mittelstück ist dem Gründerahnen der Familie gewidmet, die beiden Seitenteile den männlichen und weiblichen Ahnenseelen. Dreigeteilt ist der Hauptschrein auch deshalb, damit er von den Göttern Brahma, Siwa und Wisnu besucht werden kann. Der zweite Schrein, Sanggah Peliangan Dewi Sri, ist der in den Dorfgemeinschaften so wichtigen und hochverehrten Reisgöttin geweiht. Der dritte Schrein, Ngurah Rudra, ist für den Gott des Bodens bestimmt, auf dem das Gehöft steht. Da die Gottheit Ngurah Rudra zu den Mächten der Unterwelt gehört, muß sie gnädig gestimmt werden. Der vierte Schrein schließlich dient dem Zubereiten und Darbringen der Tempelopfer. Je reicher eine Familie und je höher ihre Kaste, desto mehr Schreine für weitere Gottheiten stehen in ihrem Haustempel.

Auch der Wohnteil ist nach strengen traditionellen Regeln wohlgeordnet. Die angesehensten Leute einer

Das Entzünden und Löschen einer Flamme – hier nach dem Kecak-Tanz – wird auf Bali immer wieder zum Ritual, denn die Götter schauen kritisch dabei zu.

Hahnenkämpfe sind balischer Volkssport und eine wahre Leidenschaft vieler junger und alter Männer. Hier werden Vermögen investiert und verwettet – der Kampf mit den scharfen Messern an den Beinen der Hähne endet immer mit dem Tod des unterlegenen Tieres.

Familie sind immer die Großeltern; sie wohnen in einem eigenen Haus, dem Umah Meten. Dieses Haus liegt bergwärts, gleich neben dem Tempel, meist sogar auf einer erhöhten Plattform. Die Eltern bewohnen den Bale Gede, den großen Pavillon. Das Bale Dauh oder Bale Sari, das Blumenhaus, dient als Schlafplatz für die Jungen. Die unverheirateten Mädchen werden oft bei den Großeltern untergebracht, da deren Behausung, auch was den Schutz der Götter anbelangt, als sicherster Ort im Gehöft gilt. An einer weniger günstigen Stelle, oft sogar dem Meer zugewandt, steht die Küche, Paon genannt. Gleich daneben befindet sich der Kandang Babi, der Schweinestall, denn die Borstentiere lieben alle Küchenabfälle. Dieser unreine Bezirk muß möglichst weit vom reinen Familientempel entfernt sein. Und schließlich gibt es da noch den Lumbung, den Reisspeicher, der oft auf Pfählen steht, die ihn gegen Ungeziefer und Mäuse schützen. Trotz der vielen Bales ist meistens noch Platz für einen kleinen Küchengarten mit Bananenstauden, Gemüse und Kräutern.

Prana stammt aus einer sehr hochstehenden Familie und bewohnt sicher eines der schönsten Häuser in Uma Abyan Kampong, sein Familientempel zählt weit mehr als vier Schreine. Haus und Hof sind ständig so sauber gepflegt, daß man überall vom Fußboden essen könnte. Geweckt werden wir hier jeden Morgen von den zahlreichen Kampfhähnen, die in ihren Körben direkt hinter dem Fenster des Gästehauses stehen. Das Leben des Hauses beginnt in aller Frühe. Die Frauen und Mädchen erheben sich als erste, fegen den Boden, bringen Opfergaben zum Haustempel, legen Blüten- und Reisopfer hier und da auf den Boden oder betätigen sich emsig in der großen Küche, um das Frühstück zuzubereiten. Zwischen den einzelnen Bales toben Kinder, Hühner und Katzen um die Wette und auf einer offenen Veranda läuft ein großes japanisches Fernsehgerät rund um die Uhr oder zumindest so lange, wie es in Uma Abyan Kampong Strom gibt. Ich habe nie herausgefunden, wie viele Menschen hier wirklich wohnen. An einem Tag ließ Prana in seinem Haus – zwischen den Bales – ein balisches Schattenspiel aufführen, da waren über hundert Besucher da und alle fanden irgendwo einen Platz.

Pranas Mutter besitzt ein ebenmäßiges, edles, zerfurchtes Gesicht unter langem silbernen Haar und lächelt jeden Besucher gütig und freundlich an. Man sieht ihr die vornehme Dame aus bester Gesellschaft trotz ihres hohen Alters an. Eine Frau voller Würde und Ausstrahlung, die Frau einer hohen Kaste. Prana selbst ist welterfahrener Geschäftsmann und besitzt eine zweite kleine Wohnung in Denpasar. Doch in Uma Abyan Kampong fühlt er sich wirklich zu Hause. Er liebt sein Dorf, in dem er nebenberuflich die Funktion des Vorstehers – Klihan Banjar – ausübt, viel mehr als die Stadt. Gleich neben den Häusern beginnen die endlosen Reisterrassen mit schmalen, nassen Pfaden und Wasserkanälen dazwischen, auf denen zu jeder Jahreszeit fleißig gearbeitet wird. Auch wir mögen diese Oase der Ruhe, das Herzstück eines liebenswerten Eilands.

Immer wenn ich fotografische Sonderwünsche hatte, rief ich von unserem kleinen Hotel Besakih in Sanur – von dem ich noch erzählen werde – Prana an und bat ihn um Kontakte zu – nicht zu professionellen Modellen; zu jungen Legongmädchen und anderen Tänzerinnen. Prana kennt alles und jeden auf Bali – nichts ist bei ihm unmöglich. Zusammen mit den Mädchen fuhren wir dann hinaus nach Uma Abyan Kampong. In Pranas Haus begannen die schönen Balinesen dann jedesmal eine endlos langwierige Schmink- und Ankleideprozedur, während der ich oft sorgenvoll zum Himmel schaute und sah, wie rasch hier die Sonne sinkt und mein notwendiges Fotolicht dahinschwand. Die Mädchen ließen sich dadurch überhaupt nicht aus der Ruhe bringen und schminkten sich unendlich langsam und doch sehr geschickt weiter.
Mit der schon tief stehenden Sonne zogen wir dann alle gemeinsam hinaus in die grünen Felder zum Fototermin,

Reisbauern entnehmen der wassergetränkten Sawah frische Sprößlinge, um sie zu pflanzen. Reis ist ein Grundnahrungsmittel auf Bali. Die Arbeit auf den Sawahs unter der sengenden Sonne ist sehr mühselig.

Der Reisbauer bewegt sich beim Pflanzen rückwärts über die Sawah, steckt die jungen Setzlinge geschickt und rasch fingertief in den Schlamm und schiebt dabei die in einer Schüssel hinter ihm schwimmenden Sprößlinge mit sich.

Reis pflanzen ist Schwerstarbeit. Eigentlich sind das Herrichten und das Bepflanzen der Sawahs Männersache, nur in Ausnahmefällen werden zu dieser Arbeit auch Frauen herangezogen.

und eine große Schar der Dorfjugend folgte uns. In den Reisfeldern ließen wir die Mädchen tanzen, und meine Kamera klickte pausenlos. Einmal haben wir mit Pranas Hilfe hundert Kecak-Tänzer zu einem der Dorftempel von Uma Abyan Kampong gebracht und den wilden und unglaublich farbenprächtigen Affentanz vor der herrlichen Kulisse nur für meine Kamera aufführen lassen. Das wurde ein richtiges Fotofest. All diese persönlichen Erinnerungen mögen dazu beitragen, daß wir uns hier – abseits der normalen balischen Touristenpfade – ganz besonders glücklich und wohl fühlen. Oder ist es einfach die Tatsache, daß ein Dorf wie Uma Abyan Kampong zur Seele Balis gehört?!

Die kleine Insel Bali umfaßt 5561 Quadratkilometer fruchtbares Land, auf dem etwa 2,7 Millionen Menschen leben. Das sind 486 Einwohner pro Quadratkilometer – mehr als doppelt so viele wie in Deutschland. Nur knapp zwanzig Prozent aller Balier leben in der Stadt, mehr als achtzig Prozent auf dem Land; in Dörfern, mal etwas kleiner, mal etwas größer als Uma Abyan Kampong.

Viele der Stadtbewohner haben ebenfalls ihr Dorf – so wie Prana. Ganz leicht kann es dem Balibesucher passieren, daß er irgendwo im Land bei einem Tempelfest oder bei einer Totenverbrennung plötzlich auf bekannte Gesichter trifft: den Kellner aus dem Kuta-Hotel oder den Souvenirverkäufer von Sanur Beach, vielleicht auch den Taxifahrer aus Denpasar oder den Bankangestellten, der ihm gestern erst seine letzten Schecks eingetauscht hat. Der Wechsel zwischen diesen beiden, so gegensätzlich erscheinenden Welten erstaunt immer wieder: Prana in seinem Büro in Sanur, am Faxgerät, beim Telefonat mit Europa, beim Ausstellen von Flugtickets – und dann Stunden später im traditionellen Sarong bei der Reparatur eines Dorftempels, als Klihan Banjar bei einem nächtlichen Tanzfest, das nur in langen Fußmärschen über schmale Pfade beim Licht von Petroleumlampen zu erreichen ist, beim Hahnenkampf oder inmitten seiner Großfamilie, mit der er auf dem Boden hockend, Reis verzehrt.

Auf Bali gibt es etwa zweitausend intakte Dörfer, Desas, die sich in weit mehr als doppelt so viele Nachbarschaften, Banjars, gliedern. Diese Banjars unterteilen die Desas in kleinere Einheiten mit familiären Bindungen, in Gruppen benachbarter Familien, die sich in allen Lebensbereichen gegenseitig helfen und unterstützen. Ein Banjar verfügt über sein eigenes Gamelanorchester und oft sogar seine eigene Tanzgruppe, über eine Gemeinschaftsküche für Dorffeste und in manchen Fällen sogar über eine eigene Trommel, die alle Mitglieder zur Versammlung ruft. Die Institution der Banjars spielt in der Dorfgemeinschaft eine äußerst wichtige Rolle. Jeder verheiratete Mann besitzt dort eine gleichwertige Stimme in allen Angelegenheiten, die die Nachbarschaft und das Dorf betreffen. In der regelmäßig stattfindenden Ratsversammlung, Krama genannt, wird der Klihan Banjar gewählt, Familienstreitigkeiten demokratisch geschlichtet und beschlossen, welches Mitglied welchem Nachbarn beim Haus- oder Wegebau hilft. Es gibt sowohl eine Krama Banjar als auch eine Krama Desa. Da diese Zellen klein und übersichtlich sind, geht es im Krama nie um überregionale, parteipolitische Grundsatzfragen, sondern tatsächlich immer um die kleinen und wichtigen Angelegenheiten und Interessen der Dorfgemeinschaft.

Ein Desa stellt die übergeordnete Tempelgemeinde dar und besteht aus mindestens zwei, oft aber auch vier, fünf oder mehr Banjars. In der Krama Desa werden alle wichtigen Ereignisse entschieden, die sich auf die Landwirtschaft, d. h. den Reisanbau, oder etwa auch auf Feste der wichtigen Dorftempel beziehen. In der Krama Banjar dagegen geht es einerseits um gesundheitliche Betreuung, andererseits auch um die Zeremonien, die von einer Lebensphase zur anderen überleiten, wie beispielsweise Zahnfeilungen oder auch Totenverbrennungen. Darüber hinaus ist das Bale Banjar, das Banjar-Gehöft, sowohl als zentraler Treffpunkt für die Mitglieder des Quartiers wie auch als Veranstaltungsort für zahlreiche Unterhaltungen von überaus großer Bedeutung.

Jede Ortschaft nennt mindestens drei Tempel ihr eigen. Der Gründungstempel Pura Puseh befindet sich immer am oberen Dorfende, zum Vulkan Gunung Agung hin ausgerichtet, in der Kaja-Richtung. Er ist dem Schöpfer Brahma gewidmet. Das untere Ende des Dorfes in Richtung Meer beherbergt jeweils den Totentempel Pura Dalem, in der Kelod-Richtung. Er ist das Heim der Todesgöttin Durga. In seiner Nähe befinden sich auch der Begräbnis- und der Verbrennungsplatz. Das zu wissen kann für einen Balibesucher höchst praktisch sein, denn Totenverbrennungen haben sich zu regelrechten Touristenattraktionen entwickelt. Da kommen also ganze Busladungen von Fremden, und das Gedränge ist groß. In dem scheinbar chaotischen Durcheinander fragen hundert kamera- und videobestückte Urlauber immer wieder: »Wann genau findet die Verbrennung statt und an welchem Ort?« Das Wann wissen präzise nur die Götter, und das Wo ist ganz einfach zu finden: Man muß vom Dorf aus nach unten gehen, in die Kelot-Richtung – und wird dann ganz automatisch zum richtigen Platz gelangen. Der Totentempel zwischen Meer und Dorf erfüllt eine zusätzliche Schutzfunktion gegen alle bösen Geister aus dem Wasser und der Unterwelt. Der dritte Tempel schließlich ist der zentrale Dorftempel, Pura Desa, für den Gott Wisnu, den Erhalter. Neben dem Gebäude steht ein hoher Glockenturm, der Kulkul, mit einem mächtigen Bambus- oder Holzgong. Seine Funktion ähnelt der unseres früheren Feuerwachtturms oder der Sturmglocke. Bei allen wichtigen Ereignissen, wie beispielsweise Versammlungen oder Feuer, werden die Menschen durch den Gong zum Tempel gerufen. Zu derartigen Anlässen schallt der Kulkul weit über Dorf und Felder, und die Menschen lassen alles stehen und liegen, um dem Ruf des Gongs zu folgen.

Vicki Baum beschreibt dies in ihrem Roman sehr plastisch bei der schicksalsschweren Strandung der »Sri Kumala«: »Die Sonne hatte schon begonnen nach Westen zu gehen, als Pak (der Reisbauer) einen Ton vernahm, der ihn aufhorchen ließ. Der Kulkul, erst der von Sanur verweht, aber hartnäckig, und dann auch der von Tamansari, mit vielen tiefen, kurzen Schlägen. Pak trieb seinen Pflug bis zum Ende der Sawah (Reisfeld), aber er war nicht mehr aufmerksam beim Pflügen. Er dachte angestrengt nach, was der Kulkul zu dieser Stunde zu verkünden haben mochte. Er konnte ordentlich spüren, wie seine Leber sich ausdehnte vor Neugierde. Kommt alle, kommt schnell, kommt helfen, das ungefähr trommelten die Dorftrommeln, und der Klang wanderte über die Sawahs. Auch auf den anderen Feldern hatte man aufgehört zu arbeiten. ›Was bedeutet das?‹ riefen die Männer einander zu. ›Wir werden gerufen‹, sagten andere. Pak war schon dabei, seine Kuh loszuschirren ... « Und dann rannten die Männer nach Sanur zum Wrack des chinesischen Schiffes.

In der Dorfmitte, meist neben dem Zentraltempel, liegt die Versammlungshalle Bale Desa. Sie bildet in jedem Ort einen wichtigen Treffpunkt der Männerwelt, die hier auch ohne Kramaverpflichtung zusammenkommt und schwatzt, Neuigkeiten verbreitet und aufnimmt und den nächsten Hahnenkampf oder auch die Reisernte diskutiert. Außerdem proben in der Versammlungshalle das Gamelanorchester und die Theatergruppe. Frauen trifft man hier nur selten, ihr Platz und ihre Nachrichtenbörse ist der Markt. Dabei verkaufen sie sowohl Obst und Gemüse wie auch Kleinvieh, während der Handel mit großen Tieren wie Büffeln, Rindern und Schweinen, den Männern vorbehalten bleibt.

Neben Nachbarschaft und Dorfgemeinschaft bestimmt noch eine weitere wichtige Institution das Dorfleben: die Wassergenossenschaft Subak. Hier werden die Wasserrechte für die

Selbst die Reisterrassen erscheinen auf Bali wie eigenständige Kunstwerke; das trifft ganz besonders auf die Zeit der Flutung gleich nach der Pflanzung zu.

Kein Reisfeld ohne Reistempel, keine Sawah ohne Opfergaben, die der Reisgöttin Sri Dewi täglich dargeboten werden. Bei diesen Opfern handelt es sich um Blüten, Früchte, Reis und kleine Schmuckgebinde.

einzelnen Felder, die Sawahs, nach traditionellem System genau geregelt. Speist ein gemeinsamer Strang der Wasserzuleitung die Felder mehrerer Dorfgemeinschaften, dann bestehen die betreffenden Subaks auch aus Mitgliedern dieser verschiedenen Dörfer.

Vieles im Leben der Balier funktioniert seit Jahrhunderten nach dem Adat, einem traditionellen Gewohnheitsrecht. In den meisten Fällen gibt es keine festgeschriebenen Gesetze und Paragraphen, sondern nur mündlich überlieferte Regeln. Das Adat regelt auch die Aufgaben zwischen Mann und Frau. Das Reisfeld ist der Arbeitsplatz des Mannes; für die kultischen Zeremonien, die den Wachstumszyklus der Pflanze begleiten, sind allerdings die Frauen zuständig. Auch Haus und Heim bilden das Reich der Frau.

Das Kunsthandwerk lag bis in die jüngste Zeit hinein überwiegend in der Hand der Männer. Sie schnitzen, malen, fertigen die Figuren für das Schattenspiel, spielen im Gamelanorchester und betreiben die umfangreiche Steinbildhauerei für Tempel und private Gehöfte.

Die kunstvolle Zusammenstellung und Dekoration der Opfergaben – durchaus auch eine Kunstform – liegt allerdings wiederum allein in den Händen der Frauen. Sie verstehen es meisterhaft, Reismehlkuchen und Früchte zu farbenprächtigen Opfertürmen zusammenzustecken. Diese Kunstwerke werden schließlich auch von ihnen zum Tempel getragen, um die Götter zu erfreuen, bevor sie von den Menschen verspeist werden. Die Regeln des Adat bestimmen auch ganz spezielle Frauentabus. So ist der Frau während der Menstruation jeder Tempelbesuch untersagt, ebenso jungen Müttern, die für zweiundvierzig Tage nach der Geburt als unrein gelten. Ganz ähnliche Verhaltensregeln gibt es für beide Geschlechter nach einem Todesfall in der Familie.

Ungeschriebene, alte Adat-Gesetze regeln die Nutzungsrechte für die Felder. Grund und Boden werden grundsätzlich nie als Eigentum der Familie, sondern immer als eine Leihgabe der Götter gesehen, die den Menschen den Erdboden für die Bearbeitung nur zur Verfügung gestellt haben. Irgendwann einmal hat die Krama Banjar oder die Krama Desa entschieden, wer welche Felder anlegen und bebauen durfte. Daraus ist mehr oder weniger ein Gewohnheitsrecht geworden, ohne Grundbucheintragungen irgendwelcher Art. Früher wurde das Land in den Familien unter den Söhnen aufgeteilt. Dadurch wurden die Flächen allerdings zunehmend kleiner, so daß sie heute in vielen Fällen nur noch zur Sicherung des Existenzminimums reichen. Aus diesem Grund wird mittlerweile nicht mehr geteilt, sondern das gesamte noch verbliebene Land dem ersten verheirateten Sohn zugesprochen, ungeachtet seines Alters. Landverkauf ist ohne eine Beschlußfassung der Krama nicht möglich. Große Ländereien gehörten früher dem Fürsten; nach der indonesischen Staatsgründung wurden Großgrundbesitzer jedoch enteignet und ihr Land in kleinen Parzellen an die Bauernbevölkerung neu verteilt.

Zum balischen Dorfleben gehört natürlich auch eine eigene Tierwelt. Die Rinder, die auf den Sawahs den Pflug ziehen, gelten hier im Gegensatz zu Indien nicht als heilig und werden sehr wohl geschlachtet und verzehrt. Die überall herumlaufenden gutgenährten Schweine mit den auffälligen Hängebäuchen liefern den Baliern den ganz besonders beliebten Festbraten der Spanferkel. Kein Dorf ist ohne Enten, und auch sie enden früher oder später im Kochtopf oder in der Pfanne. Trotz dieser relativ guten Fleischversorgung bleibt aber Reis die Hauptnahrung auf der gesamten Insel.

Die Reisterrassen, in ihrer Gesamtheit tatsächlich eigenständige Kunstwerke, werden von den Männern in mühevoller Handarbeit bearbeitet, bepflanzt und bewässert. Beim Pflügen helfen Büffel und Rinder, und nur bei der Ernte sieht man auch Frauen auf den Sawahs. Mit modernen Maschinen ist auf den oft winzigen und an steilen Hängen liegenden Parzellen kaum etwas anzufangen. Durch Fleiß und

Erfahrung erwirtschaften die balischen Reisbauern zwei, auf manchen besonders guten Feldern sogar drei Reisernten pro Jahr. Sie sehen in dieser Tatsache allerdings weniger ihren eigenen Erfolg, sondern vielmehr das Wohlwollen der Reisgöttin Dewi Sri.

Dieses für Bali so typische und wichtige Dorfleben unterzieht sich in der Gegenwart einem starken und auffälligen Wandel. Die junge Generation möchte nicht mehr die harte Arbeit auf dem Reisfeld übernehmen, sondern viel lieber mit dem japanischen Motorrad von Disco zu Disco fahren, einen Job in den Touristenzentren annehmen und in der Freizeit amerikanische Videofilme konsumieren. Viele junge Menschen fallen auf die glitzernden Fassaden westlicher Werbung herein und vermuten das wirkliche Paradies allein in den Errungenschaften des Abendlandes.

Zivilisationsgeschädigte Menschen aus dem Westen träumen dagegen von Bali. So auch Lawrence Blair, der in Hollywood lebte und studierte und dabei doch nur vom kleinen balischen Dorf träumte. Er hat sich diesen Traum erfüllt: »Mehrere Jahre lang hatten wir (er und sein Bruder Lorne) mit Absicht die Insel Bali ausgespart, in der irrigen Annahme, daß sie ihrer touristischen Infrastruktur wegen für unsere Zwecke ohnehin nicht tauglich sei. Aber die Neugier plagte uns schließlich so unerträglich, daß wir uns ihr nicht mehr entziehen konnten. Flugs hatten wir uns auch schon in den Bergen der Insel eingenistet und bauten für etwa tausend Pfund ein Häuschen auf einem herrlichen Grundstück. Weit entfernt von den Touristenstränden sollte uns diese idyllische, einfache Behausung sozusagen als Basislager für unsere Expeditionsvorhaben ins unbekannte Indonesien dienen.

Die Unterschiede zwischen meiner Unterkunft im fernen Hollywood und hier auf Bali erzeugten eine Spannung, die den ganzen Organismus strapazierte und mich an die grundlegenden Gegensätze zwischen West und Ost erinnerte. Ein erfolgreiches Leben in Los Angeles erfordert die unabdingbare Beherrschung der Umwelt, in Bali dagegen die totale Selbstaufgabe. Meine Hollywood-Wohnung war hermetisch abgeschlossen, isoliert und wurde thermostatisch gesteuert. Unser Heim auf Bali dagegen besaß weder Türen, noch Wände oder Fenster, und hatte als einzigen Schutz gegen den manchmal waagerecht hereinplatzenden Tropenregen außen die üppig wachsende Urwaldvegetation sowie innen einige Strohjalousien. In Hollywood war ich vor allem per Telefon, Anrufbeantworter und Fernsehen mit der Außenwelt verbunden. Letzteres suggerierte mir über die Werbung, Insektizide gegen allerlei Ungeziefer zu kaufen, während es auf Bali üblich ist, vor Bezug einer neuen Behausung auf den Einzug von Geckos und Hausspinnen zu warten. Diese Tiere sind nicht nur Teil der balischen Tiergottheiten, sondern auch eines reichhaltigen und harmonischen Ökosystems; um in diesem System seinen Platz zu finden, muß der Mensch mit ihnen vertraut werden.

Nachts, bei Neumond, lag ich auf meinem Schlafplatz in Kokosnußhöhe, die Sterne spiegelten sich in den Reisfeldern und das halbe Universum tanzte um mich herum, wie die mattleuchtenden Glühwürmchen im Wald und im Haus, von denen sich einige im Strohdach verfingen und über meinem Kopf wirbelten wie Minigalaxien aus Licht. Anders als in der Stadtwohnung in Los Angeles, wo man nach Bedarf heißes oder kaltes Wasser aus der Leitung läßt, mußte man auf Bali aus einem Aderwerk von Flüssen und Rinnsalen für den jeweiligen Bedarf aus der richtigen Quelle schöpfen. Zum Geschirrwaschen stellten wir das benutzte Geschirr in einen Korb und diesen in einen schnell fließenden Bach links des Hauses neben der Küche. Der Bach rechts am Haus floß direkt durch das von Kletterpflanzen überdachte Bad.

Tag und Nacht lebten wir bei Temperaturen zwischen 25 und 30 Grad Celsius meist halbnackt in steter Nähe zu Insekten und Schlangen. Hier unterwarfen wir uns dem tiefgreifenden Wandel unseres Hormonrhythmus und der Darmflora und bereiteten uns auf

Erntezeit auf der Sawah – da ist die ganze Familie im Einsatz: Männer, Frauen und Kinder. Der Reis wird auf dem Feld per Hand gedroschen, und dann trennt der Wind die Spreu vom Reis.

Nach der Ernte werden auf den nun trockenen Sawahs Feuer entzündet. Die abgeernteten Halme verbrennen, und mit der Asche wird das Feld gedüngt.

die vor uns liegende Zeit des Untertauchens in die wilderen Gegenden des Inselreiches vor. Wir unterlagen natürlich auch dem dörflichen Rhythmus von Pengosekan (so heißt das Heimatdorf von Lawrence und Lorne) und seiner bemerkenswerten Dorfgemeinde aus Bauern, Wunderheilern, Mystikern und Künstlern. Nyoman Batuan, unser Bürgermeister und Hauswirt wurde unser Freund, Mentor und in vielerlei Hinsicht eine Brücke zum tieferen Verständnis indonesischer Mentalität und Psyche. Er erklärte uns zum Beispiel, daß alles Land den Göttern gehöre, daß sie davon aber an die Menschen einen Teil für eine bestimmte Zeit verleihen könnten.

Mit seiner Hilfe bauten wir das Haus nach traditionellem Vorbild, und begriffen bald, daß es weniger unserer Vorstellung einer romantischen Urwaldhütte glich, sondern sich vielmehr durch seine schlichte, aber bemerkenswert raffinierte Bauweise auszeichnete. Die Bauarbeiter kannten zum Beispiel genau den kritischen Winkel, ab dem ein Elefantengrasdach den Regen nicht mehr abhält, sondern aufsaugt. Es wird durch eine sehr geschickte Technik ständig entwässert. Die Leitbündel des Kokospalmenstammes transportieren bekanntlich das Wasser von der Wurzel ins Blattwerk. Die acht Stützpfosten unseres Hauses wurden nun verkehrt herum eingebaut, so daß sie selbst im abgestorbenen Zustand noch die Nässe aus dem Strohdach in den Boden beförderten – wohin sie gehört. Gewöhnlich wird die letzte Dachschicht an einem Tag aufgebracht. Die Besitzer veranstalten ein Fest, zu dem die ganze Dorfgemeinde bei reichlich Palmwein eingeladen ist. Die Strohauflage ist dann natürlich im Nu verankert. Auf diese Weise, so sagt man hier, ist in jedem Haus des Dorfes ein Stück Arbeit eines jeden Bewohners enthalten – was den Zusammenhalt der Dorfgemeinschaft stärkt.

Die Balier wenden nur das halbe Leben für die Sicherung von Verpflegung und Unterkunft auf, der Rest bleibt den schöneren Dingen des Lebens vorbehalten. Die Festtage, die heiligen Spiele und Tänze, die Prozessionen, die lärmend nachts durch die Orte ziehen, verraten viel von dem verborgenen Rhythmus, von dem die Insel lebt. Die Zeit gehört den Göttern, keinesfalls den Quarzuhren des schnellebigen Westens ... Durch das Leben mit den Indonesiern, bei denen das Streben nach Weisheit geradezu als nationaler Zeitvertreib gilt, wurden die Elemente Erde, Luft, Feuer, Wasser und Himmel für mich Wirklichkeit!«

Prana kennt ebenfalls den Westen und ist doch durch und durch Balier geblieben: ein Mensch, der sein Dorf mehr liebt als jeden städtischen Abklatsch mit falschem Neonlicht. »Wenn ihr Bali erleben wollt«, so betont er immer wieder, »dann kommt nach Uma Abyan Kampong.« Und wir sind gern und oft in sein Dorf gereist, auch wenn Pronas Kampfhähne uns ständig den Schlaf raubten.

Tempel und Tempelfeste

Wie viele Tempel es wirklich auf Bali gibt, weiß niemand genau. Sicher sind es mehr als zwanzigtausend, die unzähligen Familientempel noch gar nicht eingerechnet. Der Indonesist Günter Spitzing sieht die Insel selbst als einen großen Tempel, wobei Gilimanuk, die kleine Hafenstadt im Westen, das gespaltene Tor bildet und der Gunung Agung schließlich den höchsten Götterthron darstellt. Von diesem heiligen Gipfel bestehen unsichtbare, aber starke Verbindungslinien zu allen Tempeln Balis.

Der Pura Taman Ayun in der Nähe von Mengwi zählt zu den großen und besonders attraktiven Tempelanlagen Balis. Er gehört der Königsfamilie und wird deshalb auch »Royal Family Temple of Taman Ayun« genannt. Besonders auffallend an ihm sind die schlanken Merus, deren höchster elf Dächer besitzt. Merus sind pagodenartige Schreine für die Götter, die während eines Festes die Tempel besuchen und dann unter den gläubigen Menschen weilen. Pura Taman Ayun liegt inmitten eines, von den Göttern als Badeplatz bevorzugten Sees. Auch heute sind die Götter hier; zusammen mit den vielen buntgekleideten Menschen feiern sie das Odalan-Fest. Das ist der Jahrestag der Tempelweihe, sozusagen der Geburtstag des Taman Ayun-Tempels. An solch einem Tag muß kein fremder Besucher nach dem Weg fragen. Auch wir folgen von Mengwi aus einfach der festlich gekleideten Menge. Jung und Alt strömen einzeln oder in langen Prozessionen zum Tempel. Die Frauen balancieren ihre herrlich dekorierten und kunstvoll zusammengesteckten Opfertürme aus Reiskuchen und Früchten geschickt auf dem Kopf, Händler schieben ihre Verkaufsstände auf übervollen Fahrrädern durch das Gedränge, und alle Menschen tragen Blüten im Haar. Nur das Gamelanorchester wird im Auto zum großen Fest transportiert. Niemand stört sich daran, daß wir uns als fremde Besucher einfach unter das farbenprächtige Volk mischen, zumal auch wir den balischen Sarong tragen, ohne den man nie einen Tempelbezirk betreten sollte. Westlichen Besuchern sei empfohlen, sich gleich nach ihrer Ankunft auf Bali einen preiswerten Sarong zu kaufen und sich von der Verkäuferin oder dem Verkäufer das Anlegen und Tragen erklären zu lassen. Dieses Kleidungsstück gehört dann während der gesamten Reise ins persönliche Handgepäck.

Im Tempel erwartet uns ein unglaublich buntes Bild. Die Besucher des Festes strömen über den langen Eingangsweg zum Haupttor, und dann über eine schmale Steinbrücke, die den inneren Wassergraben überspannt, in den eigentlichen Tempelhof. In einem großen Bale auf der linken Seite spielt das Gamelanorchester, an dem

Der Elf-Tumpang-Meru für Dewa Pucak Manu (Gottheit des Berges Manu) der Pura Ulun Danu am Bratansee bei Candi Kuning am frühen Morgen kurz vor Sonnenaufgang. Dieser Tempel gehört zu den beliebtesten Ausflugszielen der Balier, die wenige hundert Meter von dem Heiligtum entfernt gerne baden und Wasserski laufen.

sich die Menschen vorbeidrängen, um ihre Opfergaben auf bereitstehende Altäre zu legen. Sie knien nieder und verharren mit gesenkten Köpfen still im Gebet. Überall glimmen Räucherstäbchen, die Priester segnen die Gaben mit heiligem Wasser, ebenso die Mädchen und Frauen. Wir sind wie verzaubert, und es fällt oft schwer, in dieser weltentrückten Atmosphäre die Kamera sachlich und logisch zu bedienen. Eigentlich stören hier große Fotokoffer, Stative und das Blitzlicht. Ich lege alles in einem offenen Bale ab und lasse Renate bei meinen kostbaren Geräten Wache halten. Es ist für den nicht fotografierenden Besucher ohnehin am schönsten und sinnvollsten, sich einen ruhigen Beobachtungsplatz zu suchen und das ganze heitere Treiben stumm in sich aufzunehmen. Kein Balier scheint über uns Eindringlinge verärgert zu sein. Im Gegenteil, alle – bis hin zum Priester – lächeln uns entgegen. Sie sind in Festtagsstimmung. Mit einer Kamera, so unauffällig wie möglich, lasse ich mich weiter treiben und wenn ich eine besonders hübsche junge Frau entdecke, richte ich mein Objekt auf ihre großen, dunklen Augen. Sie ist eitel wie jeder Mensch und freut sich, daß ich gerade sie aus der bunten Menge herausgepickt habe.

Die Opfergaben sind für die Götter bestimmt, die an solch einem Festtag zur Erde und in den Tempel kommen. Sie erfreuen sich mit uns an den vollen Gabentischen, den festlich gekleideten Baliern, dem wohlriechenden Räucherwerk und den glücklichen Kinderaugen. Gern nehmen sie die Opfer an, die mit dem Weihrauch zu ihnen wehen, und lassen die Materie für die Menschen zurück. Nach all den Segnungen und Gebeten stehen die Frauen wieder auf, nehmen ihre Opfergaben und setzen sie unglaublich geschickt und routiniert auf den Kopf, um sie aus dem Tempel zu tragen. Die Speisen werden später im Familienkreis verzehrt – so hat jeder sein Festmahl, die Götter zuerst und nach ihnen die Menschen.

Eine lange, farbenprächtige Prozession sucht sich ihren Rückweg zum Tor. Die letzten Strahlen der schon tiefstehenden Sonne beleuchten die Szene weich und warm. Immer neue Frauen schreiten über die Brücke, langsam, stolz und freudig. Schon färbt sich der Himmel im Westen und die schlanken Schreine mit den vielen Dächern werden zu Silhouetten. Noch immer klingt Gamelanmusik herüber und neue Menschen haben Mühe, gegen den Strom der aus dem Tempelinneren ziehenden Menge anzugehen, um ihre Opfergaben zu so später Stunde doch noch den Göttern darzubringen. Wenn ich nicht fotografieren müßte – weil das mein Beruf ist –, würde ich nur schauen, schauen, schauen.

Mit dem Einbrechen der Dunkelheit werden vor den Bales Petroleumlampen entzündet, die dem gesamten Tempelbezirk schon bald eine mystische Beleuchtung geben. Der Abend ist lau und süßer Blüten- und Weihrauchduft mischt sich in die Luft. Vor den Bales werden noch immer neue Opfer gestapelt und von den weißgekleideten Pedandas, den Hohepriestern, gesegnet. Diese tragen farbenprächtige Turbane und murmeln ihre für uns nicht verständlichen Sprüche in einem seltsamen Singsang, während sie verschwenderisch Weihrauch und Wasser verteilen.

Feuer bzw. das Verbrennen von Weihrauch, Wasser und Blumen (in den Farben weiß, gelb und rot) sind die Grundelemente aller Opfergaben. Und diese werden je nach Vermögensverhältnissen und Jahreszeit durch weitere Bestandteile wie Reis, Eier, Früchte, Schweinefleisch, Zwiebeln und sogar Palmwein und Schnaps ergänzt. Von Zeit zu Zeit finden sich sogar gebratene Hühner auf den Opfertellern. Die Opfergaben sind bunt eingefärbt und werden mit kunstvollen Palmblatt-Schnittverzierungen geschmückt und gekrönt. Im Zentrum der hohen Opfertürme steht ein weicher Bananenstamm, an den die Gaben angeheftet werden. Diese kunstvollen Türme werden dann von den Frauen auf bemalten, hölzernen Opfertellern, in Silberschalen oder bunten Emaillebecken in den Tempel hinein

Das gespaltene Tor Candi Bentar führt in den Vorhof des Tempels. Dieses Tor erinnert an den indischen Götterberg Mahameru, der bei seinem Transport nach Bali auseinanderfiel.

Der Tempel muß vor bösen Geistern und Dämonen geschützt werden. Deshalb stehen vor den Tempeltoren schwerbewaffnete Wächterdämonen und Wächterhexen. Ihr Aussehen und ihre Namen spiegeln das wider, was sie abwehren sollen.

und nach der Segnung durch den Pedanda wieder herausgetragen. In anderen Ecken des Tempels wird gesungen und getanzt. Diese unwirklich erscheinende Szenerie erinnert an ein farbenprächtiges, mittelalterliches Mysterienspiel und kann kaum beschrieben, nur erlebt werden. Das Licht wird für den Fotografen zu schwach, endlich kann ich all mein technisches Gerät einpacken und mit Renate zum Ausgang bummeln.

Im Tempel waren wir mit den Göttern zusammen, hinter dem Tor treffen wir allein die Menschen. Ein richtiger balischer Jahrmarkt mit unzähligen Buden und Verkaufsständen, in denen bunte Limonade, noch buntere Kuchen, Früchte und auch gebratenes Fleisch neben prallen Luftballons, Plastiktrompeten, Batikhemden, Holzschnitzereien, farbig gedruckten Götterbildern und tausend anderen Dingen angeboten werden. Alle Stände sind dicht umlagert. Die Kinder erbetteln von ihren Eltern einen Luftballon oder ein billiges Spielzeugauto. Die jungen Männer drängen sich an den kleinen Warungs, den Imbißständen. Sie schauen aber weniger auf die Leckereien als vielmehr auf die hübschen Verkäuferinnen. Es gehört zur balischen Tradition, daß junge heiratsfähige Mädchen während der Tempelfeste einen solchen Warung betreiben, um von den Burschen gesehen zu werden, und natürlich auch, um selbst Ausschau zu halten. Sicher schmunzeln die Götter wohlwollend im Tempel gleich nebenan, wenn sich hier erste zarte Liebesbande knüpfen. An Spielbuden werden Lose verkauft oder mit Bällen auf Dosenpyramiden geworfen.

Selbst religiöse Andacht und ausgelassenes Jahrmarktstreiben bilden auf Bali eine Ganzes, gehören hier als Einheit zusammen. Dazu gesellt sich eine dritte Festtagskomponente: das Theaterspiel, das dem Tempelfest folgt und oft die ganze Nacht währt.

Tempelfeste können sich über mehrere Tage hinziehen und gehören zu Bali wie das Rodeo zum Westen Amerikas. Darin lebt die Seele dieser Insel, und doch habe ich bei solchen wahrlich faszinierenden Ereignissen immer nur sehr wenige Fremde gesehen. Im Gegensatz zu Totenverbrennungen, die vor den Hotels in Sanur, Kuta und Nusa Dua angekündigt und von Taxifahrern und Reiseveranstaltern regelrecht vermarktet werden, finden die unzähligen Tempelfeste noch unter den Baliern und ihren Göttern statt. Das mag daran liegen, daß die meisten Balibesucher ein festes Reiseprogramm gebucht haben und dabei kaum Gelegenheit finden, auszuscheren und unvorhergesehen in ein solches Fest einzutauchen. Doch ideal erscheint mir gerade auf dieser Insel ein eher zielloses Bummeln und Entdecken – und dann findet man sich plötzlich inmitten eines Tempelfestes wieder. Oder es gehören so kompetente und feinfühlige Freunde wie Prana dazu, der selbst Reisen durch seine Heimat organisiert. Wie oft hat er unser geplantes Tagesprogramm einfach über den Haufen geworfen, weil er von einem Hahnenkampf wußte, von einem selten gewordenen Schattenspiel, von einem Tempelfest oder einem Trancetanz. Auch Glück spielt dabei eine nicht unwesentliche Rolle, da die Termine für derartige Feste von Jahr zu Jahr unterschiedlich sind und sich eine Vorausplanung von Europa aus dementsprechend kompliziert gestaltet.

Aber zurück zum Tempel. Auf Bali stehen Tausende von Tempelanlagen und keine gleicht der anderen: einfache Familientempel und Tempel der höheren Kasten, Tempel zusammenhängender Familiengruppen und die obligatorischen Dorftempel, Tempel für die unterschiedlichen Herrschaftsgebiete der ehemaligen Rajas und dann die sechs Haupttempel für ganz Bali: Pura Besakih, Pura Goa Lawah, Pura Luhur Lempuyang, Pura Batukau, Pura Ulu Watu und Pura Pulaki. Aber damit nicht genug; es gibt Tempel für die Subaks, für die Verkäufer und Marktfrauen, für die Quellen und Brunnen, und ganz besonders heilige Tempel für die Götter auf den Bergen.

Viele dieser Tempelanlagen sind netzartig miteinander verbunden, wie Günter Spitzing in seinem überaus informativen Baliführer eindrucksvoll darstellt.

Da ist ein Tempel einem bestimmten Gott gewidmet, für den in anderen, fernen Tempeln wiederum spezielle Besuchsschreine aufgestellt sind. So sind Querverbindungen von einem Tempel zum anderen durch das ganze Land entstanden. Die sakralen Bauten sind, ob groß oder klein, immer von Mauern umgeben, um böse Erdgeister und alles Unreine abzuhalten. In dieser Mauer befindet sich oft ein gewaltiges Steintor, das gespaltene Candi Bentar, das den Eindruck vermittelt, daß es von Götterkräften in der Mitte einfach auseinandergezogen worden wäre. Der balischen Mythologie zufolge haben die Götter den heiligen indischen Berg Mahameru nach Bali transportiert. Dabei ist der Berg in zwei Hälften auseinandergebrochen: in den Gunung Agung und den Gunung Batur. Diese Teilung wird durch das gespaltene Tor symbolisiert.

Das Tor führt zunächst in einen Vorhof, in dem ein Bale für das Gamelanorchester steht. Hier werden auch die Instrumente zwischen den Festen aufbewahrt. In einem weiteren Bale werden Speisen zubereitet. Daneben befinden sich im Vorhof ein Reisspeicher und der Glockenturm, der Kulkul, in einer Ecke neben dem gespaltenen Tor. Der Vorhof ist der Treffpunkt der vielen Besucher vor dem Fest. Ein zweites geschlossenes Tor mit vielen erschreckenden Dämonen und Fratzen, die dem Schutz des eigentlichen Heiligtums dienen, leitet in den inneren Tempelbezirk über. Dort steht erhöht der reich geschmückte Lotosthron aus Stein, der Padmasana oder Sanggah Agung, – immer in der Kaja-Kangin-Ecke (Zwischenrichtung zwischen bergwärts und Ost) zum Gunung Agung ausgerichtet – und neben ihm die zahlreichen Merus, die Besuchsschreine für die verschiedenen Gottheiten.

Während der Pelinggih Sitz und Aufenthaltsort für die Gottheit ist, die in dem betreffenden Tempel ständiges Wohnrecht genießt, sind die oft sehr hohen, pagodenähnlichen Merus mit drei, fünf, sieben, neun oder gar elf Dächern Besuchsplätze für andere Gottheiten, die nur während der Tempelfeste auf die Erde kommen. In den Schreinen befinden sich kleine Figuren aus Holz oder Stein. Die Götter kommen in den Tempel und schlüpfen in diese Figuren oder setzen sich auf die kleinen, liebevoll hergerichteten Steinstufen. Vor den Schreinen und natürlich vor dem Padmasana stehen die Altäre für die Opfergaben. Oft werden den Göttern so viele Opfer dargeboten, daß der Innenhof fast vollgestellt ist und die betenden Menschen kaum noch Platz finden. Neben den bereits erwähnten Bauten gibt es noch weitere, ganz unterschiedliche Bales für die einzelnen Zeremonien, für die Priester und ihre Reliquien.

Alle Tempelanlagen sind reich mit Holz- und Steinfiguren verziert und werden zu den Festen mit hohen Bambusfahnen, Brokatstoffen, Bildern und Blumen farbenfroh geschmückt. Im und vor dem Tempel werden auch die bösen Geister bedacht, denn auch sie müssen gnädig gestimmt werden. Ihre Opfergaben werden jedoch einfach auf die Erde gelegt, nicht auf die Altäre, die nur den wahren Göttern vorbehalten sind.

Tempelfeste sind über das ganze Jahr auf die gesamte Insel verteilt. Wann sie genau stattfinden, ist nur über recht komplizierte Berechnungen herauszufinden, da in Bali nach drei ganz unterschiedlichen Kalendern gelebt und gefeiert wird.

Da gibt es zunächst den christlichen Kalender mit sechs Wochentagen und dem Sonntag dazwischen für die Geschäftswelt und für alle Kontakte nach außen. Nach diesem Kalender richten sich sowohl die christlichen Feiertage als auch der Staatsfeiertag für ganz Indonesien, der 17. August.

Neujahr wird allerdings nach einem ganz anderen althinduistischen Mond- und Sonnenkalender gefeiert, und zwar an einem sich permanent verschiebenden Tag im März, wenn der Neumond unsichtbar am Himmel steht. Dieser Kalender richtet sich

Frauen tragen schwere Opfertürme in den Tempel. Die Opfergaben – Früchte, Obst, Eier, Fleisch, Kuchen, Reis, Blüten und mehr – werden zunächst den Göttern dargeboten, vom Priester gesegnet und dann von den Familien verzehrt.

Der Pura Taman Ayun im Festtagsschmuck. Hier im Königstempel stehen besonders hohe Merus mit elf Dächern (Tumpang). Die pagodenartigen Merus mit drei, fünf, sieben, neun oder elf Tumpang sind Schreine für die Götter, die in dem jeweiligen Tempel ständiges Wohnrecht haben.

Das Odalan-Fest im Pura Taman Ayun. Die Opfergaben wurden bereits von den Göttern angenommen und durch die Priester mit heiligem Wasser und viel Weihrauch gesegnet. Jetzt werden sie aus dem Tempel getragen – zurück in die Häuser der Familien.

Der Tempelhof steht voller Opfergaben. Davor sitzen die Gläubigen in stiller Andacht und verfolgen aufmerksam jede Bewegung des Priesters.

Opfergaben, von buntbemalten Schüsseln bedeckt, während eines Erntedankfestes.

Opfergaben sind immer vollendete Kunstwerke, die von Frauen in liebevoller Arbeit geschaffen werden. Die Türme mit Früchten und Kuchen, mit Eiern und Fleisch, werden reich mit Blüten und Verzierungen aus Palmblättern geschmückt. Junge Mädchen tragen ihre leichten Gaben in bunten Schalen zum Tempel, Frauen schleppen bis zu fünfzehn Kilogramm schwere Opfertürme herbei.

genau nach dem Mond und verfehlt das Sonnenjahr um etwa zehn Tage. Diese Differenz wird durch einen zusätzlichen Monat alle zweieinhalb Jahre ausgeglichen. Das Neujahrsfest, das Njepi, wird am Vorabend mit Reinigungsriten und anschließendem Lärm und Feuerwerk gefeiert. Dieser Lärm soll alle bösen Geister des vergangenen Jahres aufschrecken und verjagen. Am folgenden Neujahrs- oder Njepi-Tag herrscht dann eine seltsame und ganz ungewöhnliche Ruhe auf der Insel. Selbst das Anzünden einer Zigarette sollte unterbleiben. So wird den bösen Geistern eine total leblose Insel vorgetäuscht, was sie von der Rückkehr abhalten soll.

Die meisten Fest- und Feiertage richten sich allerdings nach einem dritten Kalender, nach dem altjavanischen Uku-Jahr, das mit seinen dreißig Wochen von je sieben Tagen genau zweihundertzehn Tage umfaßt. So kann es passieren, daß ein Fest am Anfang des balischen Uku-Jahres zweimal in unserem christlichen Jahreslauf gefeiert wird.

Das balische Informationsbüro gibt jährlich Listen für alle Feste heraus; danach gibt es etwa dreihundert Tempelfeste pro Jahr und dreizehn religiöse Feiertage für ganz Bali! Wie schon erwähnt, hat jeder Tempel seinen Geburtstag, den Odalan, und es existieren in jedem Dorf mindestens drei Tempelanlagen. Dazu kommt eventuell noch der Subak-Tempel. Das ergibt allein vier Odalan-Feste in zweihundertzehn Tagen pro Dorf – und diese Feste dauern normalerweise drei Tage. Für alle Feierlichkeiten wird der Tempel zunächst gereinigt und farbenprächtig ausgeschmückt. Während die Männer das Festessen vorbereiten, richten die Frauen ihre dekorativen Opfergaben her. In der Anfangsphase des Festes finden ein- oder mehrmals blutig endende Hahnenkämpfe statt. Höhepunkte sind schließlich die Beschwörungsformeln des Brahmanen, mit denen die Götter in den Tempel eingeladen werden.

Ebenfalls zu den wichtigen Festtagen zählt der Galungan-Tag, der u. a. dem Gedenken an den Sieg des Hinduismus auf Bali dient. Vor allem aber wird der Besuche der Gottheiten und der Ahnen auf der Menschenwelt, in den Gehöften, gedacht. An Galungan kommen die Ahnen und Gottheiten vom Gunung Agung herab zu Besuch, um am zehn Tage später stattfindenden Kuningan-Fest auf ihren Berg zurückzukehren. So ergibt sich eine lange Festperiode, während der die Dörfer mit großen Bambusstangen, an denen kunstvoll geflochtene Gehänge im Wind schaukeln, geschmückt werden. In den ländlichen Gegenden, und das sind die meisten auf Bali, spielt der Feiertag der Reisgöttin Dewi Sri eine wichtige Rolle. Für den Tag werden die unzähligen Reistempel auf den Feldern farbenfroh geschmückt. Weiterhin gibt es den Festtag der Schmiede, an dem die Krisdolche im Tempel gesegnet werden. Den ersten Platz unter allen balischen Tempelfesten nimmt aber das Hauptfest im Muttertempel Besakih ein. Dieses Fest, zu dem Tausende an die Hänge des heiligen Gunung Agung strömen, gilt der Reinigung der Insel und des Erdkreises, damit die Götter herbeigerufen werden können. Alle hundert Jahre wird es mit ganz besonders großem Aufwand gefeiert und damit zu einem Ereignis, über das die Weltmedien ausführlich berichten. All diese Feiern und Feste gehören wie selbstverständlich zum Lebensrhythmus der Balier, lassen sie lachen und fröhlich sein und ihr großes Ziel, das Erreichen des Moksa, ihres Nirwana, nie aus den Augen verlieren.

Tanz und Theater

Raka (der Tänzer) war schon für den Tanz gekleidet, und ein starkes Strahlen ging von ihm aus. Er trug ein weißes Unterkleid, das seine Beine schlank umschloß. Von den Schultern flatterten ihm viele bunte, goldverzierte Bänder. Im goldbemalten, steifen Kain steckte ein Kris mit funkelndem Goldgriff. Auf dem Kopf saß ihm ein Schmuck, der als ein hohes Dreieck geformt war und auf dem Hunderte von Silberplättchen an kurzen Stielen zitterten und glänzten. Das hohe Geflecht dieses Helmes ließ ihn sehr groß erscheinen, lang und gestreckt und kriegerisch.

Der Gamelan spielte. Die Trommel rief und jagte, Raka stand zwischen den beiden Schirmen, die dcn Eingang zur anderen Welt flankierten, zu der unwirklichen Welt, in der er sich zum Gott verwandelte. Er spürte, wie er sich dehnte und wuchs, weit über seine eigene Größe hinaus. Dann trat er unter die Lampen.

Lambon (die Tänzerin) war in dem Rahmen der Bühne erschienen. Schmal und klein sah sie aus und ihr Kindergesicht hatte einen tiefen Ernst. Mit eng geschlossenen Schenkeln und Knien bewegte sie sich vorwärts. Ihre Hände flatterten wie Vögel. Ihr schmaler Hals unter der großen Krone vibrierte. Gleitend und in zögernden Zickzacklinien näherte sie sich Raka. Es war ein ungeheuer künstlicher, ein fast unmenschlicher Tanz, in dem nichts mehr Gefühl war und alles abgezirkelte, höchst kunstvolle Bewegung. Ihre kleinen, nackten Füße stießen Staub von der Erde auf, und ihre Hüften wiegten sich, kühl wie die Stengel einer Wasserrose. Jetzt war sie nahe an Raka, und er bewegte sich mit ihr. Das Licht der Lampen beschien ihre vergoldeten Gestalten. Die Blumen an ihren Kronen zitterten wie lebendig. Ihre Arme in den engen, glänzenden Ärmeln zeichneten gespannte Arabesken in die Luft. ›Siehe, sie naht dem göttlichen Herrn‹, sang der Erzähler. ›Sie windet sich um ihn wie eine Schlange, wie eine Liane um den aufrechten Stamm. Hüte dich, Laksmana, vor der Nymphe.‹

Der Gamelan spielte. Raka und Lambon glitten aneinander vorbei, ihre Gesichter ganz nah für einen Augenblick, sie entfernten sich und kamen wieder zusammen. Wie das Spiel von zwei großen Schmetterlingen vor der Vereinigung sah es aus. Das Liebesspiel wurde zum Kampf. Der Kris blitzte über Lambons Kopf, und sie bog sich darunter. Der Gamelan spielte. Die Trommeln riefen und jagten und stürmten.«

So beschreibt Vicki Baum den Tanz vor dem Fürsten im Puri. Und nicht viel anders spielt er sich heute auf den unzähligen balischen Bühnen der Puris, Hotels, Tempel und Versammlungshallen ab. Balische Tänzerinnen sind es auch, die uns ständig von Buchtiteln, Reiseprospekten und Postkarten entgegenlächeln. Man bezeichnet die Tropeninsel Bali zu Recht als »Land der tausend Tänze«, den Tanz selbst als »göttliche Unterhaltung«.

Laut Paknade Bandem, dem Direktor der Akademie für Darstellende Künste auf Bali (ASTI), gibt es über tausend verschiedene Tanzvariationen in seinem Land. Gegenwärtig unterrichten an dem Institut über sechzig Lehrkräfte Musik, Schattenspiel und Tanz. Vor ihrem Abschluß leisten die ASTI-Studenten eine Art Praktikum draußen in den Dörfern, und umgekehrt werden Dorftanzlehrer oft für ein Engagement an die Hochschule nach Denpasar verpflichtet.

Selbst ein Tanz mit gleichem Namen kann sich von einem Dorf zum nächsten in Ausgestaltung und Inhalt unterscheiden, nicht aber in den grundsätzlichen Formen. Die Tänze erzählen immer Geschichten, bei denen es um Krieg und Frieden, Liebe und Haß, und am häufigsten um den Kampf zwischen Gut und Böse geht. Es ist immer Schau; eine Schau für die Menschen und vor allem für die Götter, die durch Farbe, Kostüme, Schönheit der Tänzerinnen und Tänzer und durch die Gamelanmusik, erfreut und gnädig gestimmt werden sollen. Ursprünglich sollten allein die Götter durch den Tanz unterhalten werden. Denn ihnen verdanken wir Menschen laut balischer Überlieferung jenes himmlische Vergnügen, das Tanz, Drama und Musik uns allen bereiten können. Auch bei ständig steigenden Touristenzahlen tanzen und spielen die Balier am liebsten unter sich, weil Tanz und Theater zu ihrem Leben und zu ihrem Glauben gehören. Zudem müssen auch die bösen Geister besänftigt und zufriedengestellt werden. Dazu reicht ein Tanz allein nicht aus, oft währen die Auftritte die ganze Nacht.

Gute Tänzerinnen und Tänzer sind auf Bali Stars der Gesellschaft, deren Auftritten man regelrecht entgegenfiebert und zu denen man auch große Entfernungen in Kauf nimmt. Die Geschichten, die getanzt, erzählt oder gespielt werden, kennen die Betrachter auswendig. Es geht ihnen um die Perfektion, um die haargenaue Synchronisation der anmutigen Bewegung zur rhythmischen Musik. Der amerikanische Komponist Collin McPhee studierte neun Jahre lang den balischen Tanz und weiß von der Begeisterung des Publikums zu berichten: »Die Zuschauer laufen fünfzehn Meilen zu Fuß, um einen berühmten Tänzer oder eine Stargruppe zu sehen.« Den Tanz selbst beschreibt der Komponist in seinen wesentlichen Elementen:

»Der Gesichtsausdruck bleibt ständig in einer Grundhaltung von Gelassenheit oder physischer Anspannung. In dramatischen Augenblicken werden schmale Augen noch schmaler, runde noch starrer. Die Augen werden zuerst nach rechts und nach links geschwenkt, um gewisse rhythmische Klangfolgen zu betonen. Andere balische Tanzbewegungen beinhalten das schnelle Schulterzittern und ein sachtes rhythmische Kopfschieben von einer Seite zur anderen mit aufrechtem Hals. Bei der Aufführung wirken alle diese Bewegungen mühelos, doch verlangt die balische Tanztechnik vollkommene Muskelkontrolle über alle Körperteile und einen unglaublichen Grad von Ausdauer.«

Tanz und Theater gliedern sich in drei unterschiedliche Bereiche. Da gibt es zunächst den Schautanz (Tari Balihan) für den Eintritt zahlenden Besucher, der ebenso für die einheimische Bevölkerung wie auch für ausländische Gäste aufgeführt wird. Solche Schautänze finden regelmäßig in der Nähe der Touristenzentren auf bestimmten Bühnen und in fast allen besseren Hotelanlagen statt. Dort ist der Schautanz meistens mit einem balischen Barbecue-Essen verbunden. Mancher Besucher rümpft über dieses Tanzspektakel ein wenig die Nase, weil er der Meinung ist, es handele sich dabei um eine reine Folkloreschau für Touristen. Ganz so ist das aber nicht. Gute Gruppen tanzen in den Hotels ebenso engagiert wie außerhalb

Ein festlich geschmückter Haustempel in Nordbali (bei Lovina Beach). Wenn ich die Zahl der Tempel auf Bali auf 20 000 schätze, sind dabei die unzähligen Familientempel noch gar nicht mitgerechnet.

der Touristenszene, denn warum sollten nicht auch hier die Götter zuschauen?! Und wenn bei solchen Darbietungen die Kassen klingeln, ist das doch nur ein logischer Beweis für das Wohlwollen der balischen Götterwelt. Wir haben viele solcher Vorführungen erlebt und dabei immer wieder beobachten können, wie ein Priester hinter den Kulissen sein Weihrauchopfer anzündet und die Tänzerinnen und Tänzer segnet, nachdem er die Götter selbst um eine gute Aufführung gebeten hat. So ernst nehmen die Balier diese Auftritte. Außerdem wäre es katastrophal, wenn alle Balibesucher ihre komfortablen Hotelanlagen verlassen und zu Tanzveranstaltungen in die Dörfer streben würden. Das wird immer wenigen Individualisten vorbehalten bleiben.

Ich habe von Prana und seinem Dorf erzählt, wo ich mit kleinen Besuchergruppen gewohnt habe. Dort sind wir abends stundenlang mit Taschen- und Petroleumlampen in den Händen über die schmalen Stege der Reis-Sawahs gegangen, um Tanzfeste in irgendeinem winzigen Dorf zu besuchen. Da gibt es weder feste Bühnen noch Tribünen. Getanzt und gespielt wird auf dem Dorfplatz, in der Versammlungshalle oder vor dem Tempel. Die Bühnen werden durch bunte Schirme und Vorhänge rasch improvisiert, und die Besucher sitzen einfach auf der nackten Erde. Vor und hinter den Kulissen schlafen die Kleinkinder auf dem Boden. Hunde und Hühner laufen durch die Szene und die Begeisterung aller ist riesengroß. Solche Spektakel dauern meistens die ganze Nacht hindurch. Nur selten haben wir dabei andere fremde Besucher außer unserer eigenen Gruppe angetroffen.

Neben dem Schautanz gibt es den Zeremonien- oder Opfertanz (Tari Bebali), der sich aus der höfischen Tradition entwickelt hat und noch heute im Puri oder im Tempel aufgeführt wird. Dieser Tanz ist in der Touristenszene ebensowenig zu finden wie die dritte Spielart, der Kulttanz (Tari Wali), der allein im Rahmen von Tempelzeremonien stattfindet. Beim Tari Wali kommt es oft zu Trancetänzen, auf die noch näher eingegangen wird.

Wo auf Bali getanzt wird, da spielt auch ein Gamelanorchester. Man hört seinen typischen Klang meilenweit und kann sich deshalb auch in pechschwarzer Nacht zwischen den Reis-Sawahs kaum verlaufen, wenn man nur der Musik folgt. Das Orchester besteht aus großen Messingbecken, aus Gongs und kleinen und großen Xylophonen über einem Bambusresonanzkörper. Zwei Trommeln, eine große männliche und eine kleine weibliche, geben Tempo und Takt des Musikstücks an, das durch ständiges Anschlagen des Gongs zusammengehalten wird. Die unterschiedlich hohen und tiefen Töne werden auf dem Xylophon und den Flöten erzeugt. Je länger ein Gamelanorchester spielt, desto lauter und aufdringlicher wird die Musik, und wenn Spieler und Zuhörer ausreichend von der Dynamik, Lautstärke und den Weihrauchwolken eingenebelt sind, so ist der Trancezustand nicht mehr weit.

Mit der Gamelanmusik hat sich der amerikanische Musikwissenschaftler Andy Toth intensiv beschäftigt: »Balische Gamelanmusik ist einfach das höchste in großen Schlagzeugensembles, das heutzutage überhaupt gespielt wird. Wenn es zu ineinandergreifenden Partien, abrupten Steigerungen, plötzlichen Abbrüchen und vielschichtigen, synchronisierten Instrumentalsätzen kommt, kann niemand sonst mithalten. Die vorrangige Schlagfolge wird vom großen Gong des Gamelan getragen, aber irgendwie halten diese Burschen eine fast unmögliche Schlagfolge, aus der ein einziger, reiner und lieblicher Orchesterklang entsteht. Das ist das Wunder der balischen Musik. Und das wahre Wunder besteht darin, daß sie es so mühelos tun. Sie lassen es leicht aussehen und erklingen, doch tatsächlich ist es, in der Gruppe gespielt, furchtbar schwer. Ich hasse es zu sagen, doch die Musik ist – wie die übrige Kultur – bisweilen kaum zu glauben.«

Ein Gamelanorchester besteht aus bis zu dreißig Spielern, und von ihnen gibt es Tausende auf Bali. Viele sind große Könner und wahre Künstler, alle jedoch sind Amateure und leben für die Gamelanmusik, nicht aber von ihr. Die Einnahmen aus Auftritten fließen fast immer in eine Gemeinschaftskasse, aus der neue Instrumente und Kostüme für die Spieler bezahlt werden. Das Orchester spielt vor, während und nach der eigentlichen Aufführung von Tanz und Theater. Und mit den Darbietungen ist es ähnlich wie mit den Tänzen – wer zählt die Musikstücke, nennt die Namen? So könnte man den Schillersatz auf die unzähligen Variationen abwandeln.

Der Tanz des »Barong« ist sicher das bekannteste Spiel auf Bali. Er gehört zu den Schautänzen, ist also ein Tari Bali-Balihan. »Barong« ist sowohl der Name des Tanzes als auch des phantastisch mystischen Fabeltieres, das mit der Hexe Rangda in einer Art Dauerclinch zu liegen scheint: Symbol für den ewig menschlichen Konflikt zwischen Gut und Böse. Der Barong-Tanz fehlt in keinem Besuchsprogramm und wird täglich auf eigens dafür gebauten Bühnen mit großen, überdachten Zuschauertribünen dargeboten.

Vor diesen Bühnen treffen – meist am Vormittag – viele Touristenbusse ein, deren Fahrgäste sich gleich beim Aussteigen von unzähligen Händlern umdrängt sehen. Da werden bunte Postkarten angeboten, Hemden und Tischdecken aus Batik, Coca-Cola, Limonade und Bier, Holzschnitzereien, herrliche Drachen und auch billige Plastikuhren aus Taiwan – »Marke Omega oder Rolex«, Sonnenhüte, Sarongs, schön bemalte Bambusfächer und natürlich auch Musikkassetten des Gamelanorchesters. Hier nichts zu kaufen, erfordert viel Kraft und Standfestigkeit.

Durch die Gasse zwischen all den Händlern bahnt sich der Besucher seinen Weg zu einem schattigen Tribünenplatz. Da spielt schon das Orchester!

Das große Fabelwesen Barong wird von zwei Männern in der Haut eines löwenartigen Tieres mit durchaus menschlichen Zügen und einem freundlichen, laut klappernden Gebiß dargestellt. Einer der beiden Männer wird für die beiden Hinterbeine und den langen buschigen Schwanz benötigt, der zweite für die beiden Vorderbeine und die große Kopfmaske. Großartig ist auch hier das jeweilige synchron ablaufende Zusammenspiel dieser beiden Menschen, die bis zu zwei Stunden lang in oft extremer Hitze unter dem Barong-Fell aushalten müssen. Der Barong verkörpert die Anwesenheit des guten Geistes, der den Menschen in Not zur Hilfe eilt, um den Sieg des Bösen zu vereiteln. Dabei bedient er sich eines Affen als Freund und Helfer.

Neben diesen beiden Hauptdarstellern erscheint die furchtbar aussehende Rangda, die Königin der Hexen, die in diesem wie in allen anderen Schauspielen das Böse verkörpert. Die Balier glauben daran, daß auf der Erde Gut und Böse nebeneinander existieren. Aus diesem Grund gibt es in der nun folgenden, äußerst dramatischen Geschichte, die sich um Barong und Rangda rankt, auch keinen Sieger. Sie geht unentschieden aus. Die Menschen kommen noch einmal glimpflich davon, aber das Gute und das Böse bleiben auf der Welt und müssen weiterhin gegeneinander ringen.

Der Tanz beginnt immer mit einem von der eigentlichen Geschichte unabhängigen Vorspiel. Zunächst stellt der Barong sich und seinen Affenfreund vor, wobei er sich stürmisch oder leicht im Takt des Gamelans bewegt – in diesem Takt klappert das mächtige Fabelwesen auch mit seinem überdimensionalen Gebiß, während der Affe neben ihm Flöhe knackt, die er aus dem Pelz seines Freundes zupft. Diese Einführungsszene sollte jeder Fotograf für faszinierende Bilder nutzen, denn jetzt müssen Barong und Affe sich noch nicht auf das eigentliche Spiel konzentrieren und sind, die Bühnenszene beherrschend, allein zu sehen – ohne das ablenkende Beiwerk der anderen Personen. Ich habe mehr als ein Dutzend Barong-Aufführungen miterlebt – und alle haben mich gleichermaßen immer wieder fasziniert – und dabei im Sucher der Kamera beobachten können, daß Barong und auch der Affe genau beobachten, wer sie aus dem Publikum heraus ernsthaft fotografiert. Solche Fotografen werden im Vorspiel ganz besonders angesprochen und mit Gesten und rollenden Augen bedacht. Erst wenn die Kamera geklickt hat, wenden sich die Fabeltiere dem nächsten Fotografen zu. Ein ganz spezieller Service im Rahmen der großen Besucherzahlen! Gleiches gilt für die nächste Szene, die auch noch Vorspiel ist; für die beiden Legong-Tänzerinnen.

Jetzt beginnt das spannende und furchterregende Drama, das auf alte Hinduepen Indiens zurückgreift, auf der buntgeschmückten Bühne. Zwei Diener des Prinzen Sadewa treten auf. Sie sind in großer Unruhe, denn ihr Herr soll noch an diesem Tag der furchtbaren Todesgöttin Batari Durga geopfert werden. Sie besprechen, sichtlich nervös, das bevorstehende Schicksal des Prinzen, als plötzlich am Bühneneingang die langen Fingernägel einer Hexe zu sehen sind. Die beiden Diener erstarren vor Schreck. Den Fingern folgt die Hexenhand und dann tritt eine gräßliche Gestalt hervor. Eine Hexenschülerin Rangdas, eine Erscheinungsform der Batari Durga, schwebt drohend in die farbenprächtige Szene. Entsetzt weichen ihr die beiden Diener aus und rufen nach ihrem Premierminister. Die Hexe verschwindet wieder.

Der Premierminister betritt die Bühne, gefolgt von der Königin, der Mutter Sadewas. Diese ist tief verstört und kann es nicht fassen, daß sie den edlen Sadewa opfern soll. Aber da erscheint schon wieder die böse Hexe und verhängt vor aller Augen einen Bann über die Königin. Diese kann nun nicht mehr anders, sie schlägt ihren Sohn und erteilt dem Premierminister die Anweisung, Sadewa zum Friedhof zu bringen, auf dem Batari Durga lebt und ihr Unwesen treibt. Der Minister liebt den Prinzen wie seinen eigenen Sohn und weigert sich zunächst, den für ihn unverständlichen Befehl der Königin auszuführen. Aber da ist die Hexe wieder mitten in der Szene und spricht ihren Fluch auch über den Minister aus. Der nun verhexte Minister bringt Sadewa zum Friedhof und bindet ihn vor dem Haus der schrecklichen Todesgöttin an einen Baum. Kann der Prinz noch gerettet werden – jetzt, wo seine Mutter und auch der Minister unter dem Bann der Hexe stehen?

In diesem Augenblick greift der Gott Siwa in der Gestalt eines Priesters in das turbulente Geschehen ein, indem er seine Hand über Sadewa hebt und ihn dadurch unsterblich macht. Die mächtige Hexe Rangda erscheint mit einer fürchterlichen Fratze, mit gefährlich langen Fingern und noch längeren Fingernägeln und verlangt nach dem sofortigen Opfer. Erschrocken sieht sie jedoch, daß der junge Prinz unsterblich ist. Dabei erkennt sie ihre Unterlegenheit und bittet Sadewa, sie zu töten und damit zu erlösen, damit sie doch in den Himmel kommt. Auch Batari Durgas Schülerin, die Hexe Kalika, sieht ihre Niederlage ein und möchte durch Sadewa erlöst werden. Der Prinz aber weigert sich. Erst als sich Kalika durch ihre magischen Kräfte in einen wilden Eber und anschließend in einen gefährlichen großen Vogel verwandelt, schlägt Sadewa zurück. Gut und Böse kämpfen, doch niemand gewinnt. Schließlich nimmt Kalika die Gestalt der übermächtigen Hexe Rangda an. Ihre großen Eckzähne leuchten weiß und furchterregend in der fast senkrecht stehenden Sonne, von ihrer langen Zunge züngeln Flammen. Der Kampf scheint ungleich, und der Prinz steht schon fast auf der Verliererseite. Das Publikum, vor allem das balische, hält den Atem an. Rangda ist einfach stärker!

Für Sadewa gibt es eine allerletzte Überlebenschance: Er verwandelt sich in den Barong, der so stark und mächtig ist wie Rangda, und ruft all seine Anhänger zur Hilfe. Auf der Bühne ist jetzt der Teufel los, das Bild unglaublich turbulent und farbenprächtig. Die Freunde und Untertanen des Barong, lauter krisbewaffnete, halbnackte Krieger, mit herrlichen bronzefarbenen Körpern, stürzen sich auf die starke Rangda – und werden von ihr verhext, so daß sie in Trance versetzt ihre Kris gegen sich selber richten. Es geht drunter und drüber auf der Bühne – der Gamelan dröhnt und tobt –, viele Spieler fallen bei dieser Szene in eine echte Trance.

Endlich gelingt es dem Barong und seinem Affenfreund, den magischen Einfluß Rangdas auszulöschen. Sadewa ist gerettet, Rangda aber nicht vernichtet, auch wenn die Selbstzerstörung verhindert werden konnte. Die wilde Szene – und auch der Gamelan – beruhigen sich, und ein Tempelpriester bringt Opfer herbei. Blut spritzt über die Bühne, ein Huhn zuckt im Todeskampf. Dann besprengt der Priester die auf dem Boden liegenden Krieger mit heiligem Wasser, um sie aus dem Trancezustand zu lösen.

Kampf und Spiel sind beendet, das Publikum atmet auf. Doch Gut und Böse leben weiter auf Bali Seite an Seite. Und das Böse wie das Gute sind – wie wir gesehen haben – vielseitig und rasch verwandelbar auf der Welt. Die Herausforderung bleibt.

Der Barong-Tanz wird in vielen Varianten aufgeführt und oft durch weitere faszinierende Einlagen ergänzt und auf mehrere Stunden verlängert. Nur die Grundgeschichte, der Kampf zwischen dem Barong und Rangda, bleibt bestehen, darüber hinaus gibt es die unterschiedlichsten Barong-Stücke. Ich habe die Spieler nach dem Spektakel hinter den Kulissen besucht – sie sind schweißgebadet und völlig erschöpft nach dieser fast zweistündigen Schwerstarbeit auf der oft glühendheißen Bühne. Nur für Touristen wird der Barong-Tanz während des Tages aufgeführt, für sich selbst und ihr eigenes Publikum tanzen und spielen die Balier die Geschichte immer in den kühlen Abendstunden, bei Fackelschein und Petroleumlicht.

Ganz anders stellt sich demgegenüber der »Legong« dar. Bei diesem Tanz stellen zwei oder drei junge Mädchen eine uralte Geschichte aus dem zwölften Jahrhundert vor, eine Geschichte der vergeblichen Annäherung, des Entschlusses und des Abschieds.

Der König Lasem trifft im Wald auf das schöne Mädchen Rangke Sari, gegen dessen Vater er Krieg führt. Rangke Sari hat sich verirrt und blendet den König mit ihrer unvergleichlichen Schönheit, Anmut und Unschuld. Der König bittet, ja fleht um ihre Liebe. Einmal nur möchte er das schöne Mädchen besitzen, möchte er mit ihr schlafen und zur Belohnung mit ihrem Vater Frieden schließen. Doch Rangke Sari bleibt abweisend und wird daraufhin vom König in ein Haus aus Stein gesperrt. Ihr Bruder, der Prinz von Daha, hört von der Gefangenschaft seiner Schwester und droht dem König mit Kampf, falls dieser das junge Mädchen nicht unverzüglich herausgibt. Lasem wählt den Kampf und zieht in die Schlacht, obwohl ihm ein Rabe seine Vernichtung weissagt. Doch der König hat sich entschieden, verabschiedet sich von Rangke Sari und reitet dem Tod furchtlos entgegen.

Zwei sehr junge Mädchen tanzen dieses Spiel fast abstrakt und verkörpern dabei das Mädchen Rangke Sari und zugleich unschuldige, göttliche Nymphen. Sie sind von Kopf bis Fuß in ein enges, goldenes Brokatkostüm mit langen Bändern eingewickelt. In ihren Kronen tragen sie stark duftende Frangipani-Blüten. Unglaublich ihre grazile Körperhaltung, das exakt kontrollierte Spiel der Augen und das Vibrieren ihrer schlanken Finger.

Wenn beide Mädchen einmal dieselbe Figur tanzen, laufen alle Bewegungen vollkommen synchron ab. Dann trennen sie sich wieder, und jede tanzt ihre Rolle. Faszinierend allein die Szene, in der Rangke Sari den Verführungsversuchen König Lasems ausweicht und mit ihrem Fächer wütend zurückschlägt! Die Mimik der beiden, jeder Schritt und jedes Augenrollen folgen exakt den alten Regeln des Tanzes. Und wenn die schlanken Finger mit den langen Nägeln zum schwebenden Geläute des Gamelan vibrieren und flattern wie die Flügel junger Vögel, dann kann ein fachkundiges einheimisches Publikum schon in Ekstase geraten! Eine dritte Tänzerin erscheint schließlich als der warnende Rabe und deutet das böse Ende des Königs an.

Man muß diese Geschichte kennen, um die Gesten der Legong-Mädchen während des Tanzes zu verstehen. Es gibt noch eine zweite, viel ältere Version des Legong, den »Sanghyang Dedari«, der auch heute noch zur Reinigung und Austreibung der bösen Geister als Trancetanz bei Tempelfesten getanzt wird. Der Märchengeist des Dedari kommt in stilisierten Bewegungen zum Ausdruck, die die Natur imitieren: das Biegen eines mit Blüten überladenen Baumes, das zarte Schwirren einer Libelle und das Zucken eines jungen, von Fliegen geplagten Rehs. Ursprünglich wurde diese Version nur zu Flötentönen getanzt, heute ist auch hier das Gamelanorchester tonangebend.

Erfolgreiche Legong-Tänzerinnen beginnen ihre Karriere auf Bali mit fünf oder sechs Jahren. Sie werden in strengen Tanzschulen sehr diszipliniert ausgebildet und tanzen nur bis zur ersten Menstruation, also bis zum dreizehnten oder vierzehnten Lebensjahr. Früher wurde der Legong vor allem in den Palästen der Rajas getanzt, wobei neben den Tänzerinnen noch ein Erzähler der Geschichte auftrat, der heute jedoch wegfällt. Die Geschichte von Lasem und Rangke Sari lebt allein im Tanz weiter. Ich selbst erhielt durch meinen Freund Prana die Möglichkeit, in seinem Dorf drei Legong-Mädchen von einer Tanzschule zu fotografieren. Die Tanzlehrerin überwachte das stundenlange Make-up, das fast rituelle Ankleiden und schließlich die exakten Tanzbewegungen der Mädchen bis hin zur genau vorgeschriebenen Fingerhaltung. Es waren Kinder, die durch diese Schule schon erwachsen geworden waren. Kinder, die stolz auf ihr Können waren und mich während der Arbeit verzauberten.

Das wildeste, rhythmischste und farbenprächtigste Tanzspiel ist sicher der »Kecak«, auch »Affentanz« genannt. Er wurde in den dreißiger Jahren von Walter Spies für einen deutschen Film choreographiert und entstand auf der Grundlage eines Trancetanzes, der ausgearbeitet und mit der Ramayana-Geschichte kombiniert wurde. Das Bild ist kaum zu beschreiben, das sich bietet, wenn hundert und mehr bronzefarbene Männer mit roten Hibiskusblüten hinter dem Ohr auf die abendliche Spielfläche vor ein Tempeltor strömen, sich in konzentrischen Kreisen um einen Kandelaber mit flackernden Öllampen setzen, ihre Arme hoch zum Mittelpunkt strecken und den Ruf der Affen ausstoßen: »Tschak-A-Tschak, Tschak-A-Tschak, Tschak-A-Tschak!« Die braunen Hände vibrieren in der Luft, der Ruf wird lauter und eindringlicher und die Szene der Männer, die nur den schwarzweißkarierten Schurz der Tempelwächter tragen, trägt uns in die Vergangenheit. Der unruhige Schein des brennenden Kandelabers wirft gespenstische Schatten durch das Rund. Die fast nackten Männerleiber werden wie von einer Riesenfaust nach vorne geschleudert, wogende Hände recken sich erneut nach oben: Hanumans Affenheer ist auf dem Sprung, Sita aus den Klauen der Dämonen zu befreien. »Tschak-A-Tschak, Tschak-A-Tschak, Tschak-A-Tschak«, in diesem unwirklichen Kreis, aus dem es geheimnisvoll raucht und flackert, entsteht vor unseren Augen das alte indische Epos des ganz Südostasien bewegenden Ramayana. Die dreitausend Jahre alte Liebesgeschichte ist einfach und wird zwischen Indien und Burma in zahllosen Varianten getanzt und gespielt. Auch hier geht es wieder um den Kampf zwischen Gut und Böse, um Liebe, Ehre und Treue, um Verwandlung, List und Täuschung.

Der edle Prinz Rama, seine schöne Gattin Sita und Ramas Bruder Laksmana werden von dem bösen Dämonenkönig Rawana verfolgt, der das Reich Alengka regiert und es auf Sita abgesehen hat. Er möchte die schöne Frau besitzen und schickt daher der Dreiergruppe, die im einsamen Wald unterwegs ist, einen goldenen Hirsch entgegen. Rama erliegt der Versuchung und beginnt mit seiner Verfolgung. Sita und Laksmana bleiben derweil allein zurück.

Plötzlich ertönt ein Hilfeschrei aus dem Dickicht, in dem Sita deutlich die Stimme ihres Mannes erkennt. Sie fleht Laksmana an, dem Prinzen unverzüglich zu Hilfe zu eilen. Dieser zögert jedoch, da er der Ansicht ist, daß sich der mächtige Rama in jeder Situation selber helfen kann. Sita dagegen sieht dies anders und glaubt nun, Laksmana wolle Ramas Tod ganz bewußt, um sie – Sita – für sich zu gewinnen. Durch solche Gedanken erzürnt, verspricht Laksmana, den Prinzen Rama zu suchen. Bevor er Sita allein zurückläßt, legt er zu ihrer Sicherheit einen magischen Kreis um sie. Sita verspricht, diesen nicht zu verlassen. Aber natürlich kommt es, wie es in einer guten Geschichte kommen muß, denn schließlich hat der böse Rawana seine Hände mit im Spiel.

Sita steht alleingelassen in ihrem schützenden Kreis, als plötzlich ein Priester die Szene betritt. Der Priester scheint einen langen Weg hinter sich zu haben und klagt über großen Durst. Er kann aber die Grenze des magischen Kreises nicht überschreiten, aus dem Sita nicht heraustreten darf. Der Priester bittet und fleht um Hilfe, so daß sich Sita schließlich, vom Mitleid tief gerührt, über die Grenzlinie beugt, um ihm Wasser zu reichen. In diesem Moment reißt der kräftige Mann die Frau aus dem magischen Zirkel, verwandelt sich in den Dämonen Rawana zurück und entführt sein Opfer nach Alengka.

Rama und Laksmana kehren zurück und finden die Waldlichtung leer. Laksmana ist ebenso erschrocken wie sein Bruder Rama und nimmt alle Schuld auf sich. Beide Männer beginnen unverzüglich mit der Verfolgung, kommen aber im Unterholz nur sehr langsam voran. Da treffen sie auf Hanuman, den heiligen weißen Affenkönig, einen guten Freund. Hanuman ist im Wald viel schneller und geschickter und verfolgt den bösen Rawana bis zum Königspalast von Alengka. Dort trifft er Sita und übergibt ihr Ramas Ring zum Zeichen, daß der Prinz lebt und unterwegs ist. Sita wird von Rawanas Nichte Trijata bewacht, die den Dämonenkönig haßt und großes Mitleid mit der gefangenen Frau hat.

Jetzt erscheint Rawana und fordert von Sita Liebe. Diese weigert sich energisch, da sie allein Rama liebt und durch den Ring weiß, daß ihr Mann und Beschützer kommen wird. Der Dämonenkönig erfährt Sitas ganze Verachtung, die ihn so zornig macht, daß er seine Gefangene auf der Stelle töten will. Trijata tritt zwischen die beiden und verhindert den Mord in letzter Sekunde. Hanuman beginnt daraufhin, den Palastgarten zu zerstören, bevor er Rama entgegeneilt. Er mobilisiert sein großes Affenheer und zieht gemeinsam mit Rama und Laksmana nach Alengka. Dort beginnt ein großer Kampf, in dem Rama Rawana schließlich besiegt. Sita ist befreit und liegt glücklich in Ramas Armen; Laksmana bekommt Trijata zur Frau. Die Sieger ziehen zurück in ihr Königreich Ayodhia.

Das Gute hat das Böse überwunden, und die Affen des Waldes haben sich auf und für die richtige Seite geschlagen. Bei diesem Kecak-Tanz gibt es kein Gramelanorchester, sondern nur den unglaublich rhythmischen Affenchor, der während des gesamten Spiels dominierend den optisch und akustisch eindrucksvollen Rahmen bildet. Das dramatische Geschehen zwischen Rama, Laksmana, Sita und Rawana tritt eigentlich ganz in den Hintergrund.

Kecak ist ein Tanz der Nacht oder zumindest ein Tanz der Dämmerung und verliert auf einer Hotelbühne an Ausstrahlung. Ein Fotograf braucht Licht, und deshalb habe ich nach Kompromissen gesucht. Für meine Reisegruppen, die ich überall auf der Welt zu fotografischen Höhepunkten führen möchte, habe ich den Kecak-Tanz während des Sonnenunterganges vor dem Dorftempel von Uma Abyan Kampong – im Vorhof – spielen lassen. Meine kleine Besuchergruppe ging in der Menge der balischen Zuschauer fast unter, und als der Ruf der Affen Tschak-A-Tschak, Tschak-A-Tschak, Tschak-A-Tschak synchron aus hundert Männerkehlen drang und die letzten Sonnenstrahlen auf die roten Hibiskusblüten im schwarzen Haar der Tänzer und auf ihre flatternden, ausgestreckten Arme fielen und Rama seine Geliebte Sita wieder an sich preßte, flossen Tränen der Rührung. Wir hatten als Touristen erneut ein Stück von Balis Seele erlebt.

Trance

Kaum haben wir die belebte Küstenstraße verlassen, führt unsere Fahrt durch leuchtend grüne Reisterrassen in Kurven und Serpentinen hinauf in die Berge, durch kleine Dörfer hindurch, in denen es mehr Tempel als Wohnhäuser gibt. Eine farbenprächtige Prozession sucht sich ihren Weg die Straße entlang, wie so oft auf Bali. Hier wird Erntedank gefeiert. Festlich gekleidete Frauen im Sarong tragen riesige Türme mit Opfergaben aus Früchten und bunten Kuchen auf dem Kopf vom Dorf zum nahen Tempel am Rand der Reis-Sawahs. Vorn die Musikkapelle mit Trommeln und Flöten, dann die »Lastenträger« (solch ein Opferturm wiegt zwischen fünfzehn und zwanzig Kilogramm), und hinter ihnen tanzende und singende Menschen, jung und alt. Die schwer tragenden Frauen, die von helfenden Männern gestützt werden, blicken fast wild und völlig abwesend in die Runde und drohen, jeden Moment umzufallen. Sie sind in Trance – eins mit ihren Göttern.

Wir fahren weiter zum nahen, wunderschön geschmückten Tempel. Kein Fremder, kein Tourist ist hier außer uns. Nach dem Anlegen von Sarong und Schärpe treten wir durch das gespaltene Tor. Ein Priester lächelt uns würdevoll entgegen und besprengt uns dreimal mit heiligem Wasser.

Weihrauchduft liegt schwer über den Höfen der Tempelanlage. Nun erreicht auch die Erntedank-Prozession den Tempel. Die beiden vorderen Frauen sind schweißgebadet und haben grauen Schaum in den Mundwinkeln. Kräftige Männer führen sie zum Opferaltar, wo der Priester auf sie wartet. Am Ziel brechen die Frauen erregt und völlig abwesend zusammen. Die Kapelle – kein Gamelanorchester – spielt wilde Rhythmen. Die am Boden liegenden Frauen winden sich, Trommeln werden laut geschlagen, und kräftige, braune Männerarme fangen die Opfergaben auf, um sie auf den Altar zu legen. Dann kümmern sie sich um die in Trance zuckenden und seltsam fremd schreienden Frauen, stechen ihnen Nadeln in Arme und Oberkörper und holen sie so zurück aus der Welt der Götter in die Welt der Menschen. Nach dieser »Akupunktur« beruhigen sich die Frauen verblüffend schnell. Man kühlt ihre Gesichter und wischt ihnen den Schweiß ab – sie sind »zurück«!

Vor Jahren, im Juni 1983, reiste ich nach Bali, um eine der spektakulärsten Sonnenfinsternisse dieses Jahrhunderts zu fotografieren. Damals besuchte ich das kleine Dorf Bona, etwa zwanzig Kilometer nordöstlich von Denpasar, wo ich den »Sanghyang-Jaran«-Tanz eines in Trance versetzten Dorfpriesters erlebte. »Jaran« bedeutet »Pferd«, »Sanghyang« ist der Anredetitel für eine Gottheit; solange das Pferd beziehungsweise sein Reiter von

Tanz und Anmut sind feste Bestandteile der Kultur Balis. Dabei handelt es sich immer um Schautänze; um eine Vorführung für Menschen und vor allem für die Götter. Das Bild zeigt die Anführerin einer Legong-Tanzgruppe.

Der Baris-Tanz, ein heiliger Kriegs-tanz, wird hier von einem jungen Solotänzer vorgetragen.

Die Gong-Musik eines Gamelanorchesters gehört zu allen Festen und Tänzen (die einzige Ausnahme ist der gesungene Kecak-Tanz). Im Mittelpunkt stehen die geschnitzten Holzbänke mit den Reyong-Gongs, im Hintergrund hängt der große Gong Gedé.

Das Make-up eines Tänzers oder Schauspielers erfordert Geduld und Erfahrung. Jeder Kohlestrich wird mit großer Präzision gezogen und immer wieder korrigiert. Davor wurde das Gesicht sorgfältig gepudert.

Die Frauen schmücken sich mit frischen Frangipani-Blüten, die nach dem Feststecken in einer Krone mit der Schere geglättet und angeglichen werden. Die Vorbereitungen zum Tanz nehmen oft mehr Zeit in Anspruch als der Tanz selbst.

Der Kecak-Tanz – auch Affentanz genannt – ist das wildeste, rhythmischste und farbenprächtiste Tanzspiel Balis. Die Männer hocken kreisförmig um den brennenden Kandelaber und strecken ihre Arme hoch zum Mittelpunkt. Ihre Hände vibrieren, und dann schallt der eindringliche Ruf der Affen durch die Nacht: »Tschak-A-Tschak! Tschak-A-Tschak! Tschak-A-Tschak!«

Der Affe ist als Hanuman im Ramaya-Epos und in anderen Stücken immer auf der Seite des Guten und steht den Liebenden hilfreich zur Seite. Hier tanzt er als Freund des Barong.

Schauspiel und Tanz gehören auf Bali unmittelbar zusammen. So werden alte Hinduepen, Legenden, Märchen und Erzählungen immer wieder neu zum Leben erweckt. Aber weit wichtiger als die Geschichte selbst, die balische Zuschauer in- und auswendig kennen, sind die bunten Formen ihrer perfekten Darstellung, die Harmonie der Gesten und die präzisen Einsätze der Gamelanmusik.

Szene aus dem Barong-Tanz, der den immer wieder aufflackernden Einfluß des Bösen und den Beistand der Götter bei der Verteidigung des Guten zum Thema hat.

Das machtvolle Fabelwesen des Barong ist der hilfreiche Freund aller Menschen und der bedrohliche Feind böser Geister. Sein Kampf gegen das Böse endet unentschieden – so entspricht es der balischen Philosophie.

Die Todesgöttin Batari Burga erscheint während des Barong-Tanzes mit einer fürchterlichen Fratze und gefährlich langen Fingernägeln. Sie verlangt nach dem sofortigen Opfer.

der Gottheit besessen sind, sind sie selbst eine Gottheit und werden daher mit diesem Titel angeredet.

Der Priester, dessen Alter bei etwa vierzig Jahren lag, trug nur einen Lendenschurz und eine weiße Schärpe um den Kopf. Sein bereits graues Haar war blumengeschmückt, seine Füße waren nackt, in den Händen hielt er große, besenartige Grasbüschel , die wie ein Steckenpferd aussahen und mit denen er Sauerstoff in ein Feuer aus glühenden Kokosnußschalen fächelte. Im Hintergrund sang ein kaum sichtbarer Männerchor rhythmische Weisen und der Mann begann, nach der Musik zu tanzen. Die Szene wirkte gespenstisch, denn Licht gab es nur aus dem brennenden Gluthaufen und immer, wenn der Tänzer mit seinen Fächern nahe herankam, loderten die Flammen hell auf und tausend Funken stoben in die schwarze Nacht. Die Glut beruhigte sich wieder, wenn der Mann rückwärts in Richtung Chor tanzte.

Der Gesang wurde lauter, eindringlicher – und mit ihm der Tanz immer schneller und wilder. Plötzlich peitschte der Tänzer seine Grasfächer wild in die Glut und schien auf dem Steckenpferd zu reiten, Flammen zuckten wie Blitze aus dem Feuerhaufen und die Funken explodierten. Mit den nackten Füßen sprang der Mann mitten in die Glut. Er lief auf den brennenden Kokosnußschalen hin und her – minutenlang, so als ob er die Flammen zertrampeln und besiegen wollte, und wirbelte mit den Fächern immer neuen Sauerstoff herbei. Der Chor sang rhythmisch, laut, unheimlich, bis er plötzlich verstummte. In diesem Moment sprang der Tänzer aus dem Feuerhaufen und brach zusammen. Ich stand genau vor ihm – aber er schien mich nicht zu sehen. Er schaute durch mich hindurch, und ich sah seine nackten Füße, die eigentlich hätten verbrannt sein müssen. Doch sie waren nur mit grauer Asche und Staub bedeckt.

Aus dem gleichen Dorf ist ein Fall bekannt, bei dem ein Feuerreiter, der durch den Tod eines Angehörigen unrein geworden war, sich während des Tanzes im Feuer schwere Brandwunden zuzog. Ebenfalls in Bona hat Prana den Legong-Tanz von zwei jungen Mädchen erlebt, die nie eine Tanzschule besucht hatten. Sie wurden von einem Frauen- und einem Männerchor begleitet, die im Wechsel sangen. Vor dem Tanz hatte der Priester die Mädchen durch Weihrauch, Suggestion und Gesang in eine schlafähnliche Trance versetzt. Sie tanzten mit geschlossenen Augen und fielen wie tot um, sobald der Chorgesang aussetzte. Dieser Gesang – so Prana – hat die himmlischen Nymphen beschworen, die jungen Mädchen zu durchdringen und tanzen zu lassen. Nach dem Tanz wurden sie, am Boden liegend, vom Priester mit heiligem Wasser besprengt. Sie schlugen die Augen auf und wurden langsam wach – wie nach einem langen Schlaf.

Als Tausende von Baliern – Männer, Frauen und Kinder – nach den holländischen Angriffen mit ihren eigenen Dolchen Selbstmord begingen, taten sie es lachend und scheinbar glücklich, in einem ebensolchen Trancezustand.

Trance ist eine innige Verbindung zwischen Mensch und Götterwelt, für uns nicht real begreifbar, für den Balier aber ein ganz natürlicher Vorgang. Im Trancezustand schlüpfen die Götter in den menschlichen Körper, ergreifen von ihm Besitz, sprechen und orakeln aus ihm – bis zur Befreiung durch den Priester und seine Helfer. Diesen Trancezustand kennen verschiedene asiatische und afrikanische Kulturen. Wir Europäer dagegen suchen immer nach einer logischen Erklärung; finden wir sie nicht, so glauben wir an einen verborgenen Trick. Viel wissen wir, doch wir glauben wenig. Die Menschen dieser Kulturen dagegen glauben viel. Vielleicht gibt es aus diesem Grunde keine letzte Antwort auf unzählige Fragen, die Bali in uns aufwirft. Die Mystik dieser fremdartigen Kultur ist sicher ein wesentlicher Grund für die unerklärliche Anziehungskraft dieser Insel.

Lawrence und Lorne Blair arbeiteten als Lektoren auf dem ehemals deutschen Expeditionsschiff »Society Explorer«, als wir sie kennenlernten.

Trancetanz in Bona. Mit einer Art Steckenpferd durchquert ein in Trance versetzter Dorfpriester mit nackten Füßen glühende Kokosnußschalen.

Anschließend sitzt der Mann vor mir und scheint durch mich hindurchzusehen. Dann zeigt er mir seine Füße – sie sind unverletzt.

Der dramatische Kris-Tanz bildet den Abschluß des Barong. Die Männer wollen das Gute verteidigen und richten in völligem Trancezustand die Waffen gegen sich selbst.

Sie erzählten mir eine verblüffende, durch Filmaufnahmen belegte Geschichte: Ein Mann namens Dynamo-Jack knüllte eine Zeitung zu einer Kugel zusammen und hielt sie in der linken Hand. Anschließend zeigte er sehr konzentriert mit dem Finger der rechten Hand auf das Papier. Da schoß eine Flamme heraus und die Zeitung brannte lichterloh. Natürlich fragte auch Lawrence nach dem Wie und Warum und bekam die Antwort: »Das ist ganz einfach. Wir alle haben eine starke Energie in uns, wir müssen nur lernen, sie für uns nutzbar zu machen und sie aus dem Körper herauszulenken. Ich übe das jetzt seit siebzehn Jahren und meditiere jeden Tag!« Ebenso wie Dynamo-Jack seine Energie auf die Zeitung konzentrierte, so können Priester ihre Energie in einen Tänzer schicken.

In einem Vortrag berichtete Lawrence Blair über Trance auf Bali und anderen Inseln. Lawrence und Lorne hatten eine westliche Touristengruppe auf eine indonesische Insel gebracht, wo sie von der Bevölkerung folgendermaßen empfangen wurden:

»Nach dem Frühstück transportierten wir unsere Leute an Land und wurden mit ihnen zu dem öffentlichen Platz vor der Moschee geführt. Dort standen Bänke für uns achtzig Leute, und wir waren umringt von schweigenden, ernst blickenden Einheimischen. Sie wirkten elegant mit ihren kantigen, scharf geschnittenen Gesichtern. Alle trugen leichte Sarongs, die Frauen hatten große Augen, die Kinder waren seltsam ruhig und hatten verhärmte, frisch gewaschene Gesichter. Das Ereignis selbst sollte uns noch mehr verwirren. Der Bupati eröffnete die Feier mit einer langen, unterwürfigen Ansprache auf Indonesisch. Dann kamen ein paar Dutzend ordentlich gekleidete junge Männer in Hüten und weißen Hemden und stellten sich schweigend und mit geschlossenen Augen in mehreren Reihen vor uns auf. Ein junger Anführer kam mit geöffneten Augen nach vorne.

›Was meinst du‹, flüsterte ich Lorne zu, ›folgt jetzt ein Tanz oder wieder eine Rede?‹

Der Bupati reichte dem Mann vorne förmlich ein Glas Wasser.

›Wahrscheinlich eine weitere langweilige Rede‹, vermutete Lorne.

Doch der Mann schüttete mit einem lauten Schrei und einer dreifachen Pirouette das Wasser in die Luft und begann, in das Glas zu beißen und es aufzuessen. Seine Gefährten begannen ebenfalls zu schreien und tanzten sich mit rhythmischen Bewegungen in totale Trance. Einige von ihnen zermalmten Coca-Cola-Flaschen mit den Zähnen, kauten und schluckten. Andere stießen sich spitze Bambusspieße durch die Wangen und in die Brust, und wiederum andere nähten sich mit Nadel und Faden den Mund zu. Keinen Augenblick unterbrachen sie dabei ihren flatternden, irritierenden Veitstanz.

Unsere Schützlinge mit ihren Strohhüten und Hawaii-Hemden waren völlig entgeistert. Einige fielen in Ohnmacht, andere stapften empört zu den Booten zurück. Ich ging zu dem Bupati und versuchte, ihm so taktvoll wie möglich zu erklären, daß die Besucher dies alles nicht verstehen könnten.

›Sie wollen kein Blut sehen‹, sagte ich zu ihm, ›wäre es irgendwie möglich, diese Vorführung zu beenden und uns etwas anderes anzubieten?‹

›Verstehen?‹ schrie er mich in dem Tumult an. ›Niemand versteht das – und niemand will Blut sehen. Außerdem fließt hier kein Blut oder fast keins. Im übrigen haben wir das nicht zu entscheiden!‹

Er beruhigte sich etwas: ›Unsere traditionelle Begrüßung wird uns von den Geistern eingegeben. Sie haben das hier für euch ausgewählt, und wir können es auf keinen Fall unterbrechen, wenn es einmal angefangen hat.‹

Nach einer gewissen Zeit holten ältere Mitglieder der Gemeinde die Leute aus dem Trancezustand zurück; sie nahmen sie in die Arme und gaben ihnen Klapse ins Gesicht, und zum Glück beruhigte sich alles ein wenig. Manche halfen ihnen, die zugenähten Lippen wieder zu öffnen, indem sie die Knoten an den Mundwinkeln aufbissen.

Aber das war nur der erste Akt; die eigentliche Starvorstellung stand uns noch bevor. Dazu wurden nur fünf Männer benötigt: einer mit unbekleidetem Oberkörper, zwei weitere, die ihn festhielten, und dann noch zwei, die einen Felsbrocken immer wieder heftig auf den Rücken des Helden krachen ließen. Einen schrecklichen Moment lang hatte ich, wie viele andere, voller Entsetzen den Eindruck, wir würden Zeugen einer Hinrichtung, die sie zum Beweis durchführten, daß sie uns ernsthaft etwas bieten wollten. Zuerst stand der Mann aufrecht, dann fiel er auf die Knie und hielt seinen gebeugten Rücken den Schlägen entgegen. Zwar entfuhr im jedesmal ein schrecklicher Laut, aber weder brach seine Wirbelsäule, noch klaffte die kleinste Wunde, nur seine Haut färbte sich eine Spur intensiver. Als er wieder aus der Trance geholt wurde, blickte er mit verhangenen Augen, wie einer, der von weit herkommt – von viel weiter als wir.«

Grün dominiert Balis Farbpalette, feurig rote Sonnenauf- und -untergänge stehen als Kontrast zu den kunstvoll angelegten Reisterrassen, und am Horizont schweben blaue Vulkankegel zwischen Erde und Himmel. Grazile Tänzerinnen mit bronzefarbener Haut erfreuen den Besucher der Tropeninsel – das ganz große Geheimnis von Bali scheint mir aber unser eigenes Unverständnis zu sein, der Grenzbereich zwischen Logik und Gefühl, zwischen Wissen und Glauben. Da bleibt nur das Staunen, das Wundern, das Vergessen unserer eigenen Hülle, und das Eintauchen in die Welt Balis, in Musik, Tanz und Trance.

Die Welt der Schatten

Viele traditionelle Kunstformen wie Theater, Tanz und Trance sind heute zu wahren Touristenattraktionen geworden – nicht so das balische Schattenspiel. Sein eigentlicher Reiz liegt in der Sprache, in den kleinen Episoden, die nur Eingeweihte wirklich verstehen, und in der Karikatur der Adelsklasse durch die kleinen Leute. Der Tourist versteht weder die Sprache, noch kennt er den Hintergrund für spontane Volkswitze und Scherze der Dienerschaft gegenüber ihren Herrschaften. Gerade deswegen gehört das Schattenspiel noch heute zur völlig unverfälschten Tradition und Kultur des Landes. Dem Balireisenden sei der Besuch eines derartigen Schattenspektakels ans Herz gelegt, allein wegen der Atmosphäre und der Begeisterung der Zuschauer – selbst wenn solch eine Vorführung vier bis sechs Stunden dauern kann.

Wir hatten das große Glück, Schattenspiele in Pranas Haus zu erleben. Schon am Nachmittag herrschte große Aufregung und Betriebsamkeit im Dorf, der Dalang war angereist und es hatte sich wie ein Lauffeuer herumgesprochen, daß er zu später Stunde spielen würde. Der Dalang – das ist der Puppenspieler oder, besser noch, der Puppenmeister.

Die gesamte Technik des Spiels erscheint zunächst einfach und logisch, und ist in Wahrheit doch höchst kompliziert. Da wird eine Leinwand von zwei Quadratmeter Größe aufgespannt, dahinter eine brennende Öllampe plaziert. Hinter der Leinwand sitzt der Dalang und bewegt fünfunddreißig bis fünfzig Zentimeter große Figuren aus Pergamentleder, die wie Scherenschnitte gearbeitet sind, zwischen Lampe und Leinwand, so daß die Schatten der Puppen silhouettenhaft auf dem Bildschirm erscheinen. Irgendwie erinnert der Aufbau an das gute alte Kasperle-Theater – und doch ist das Schattenspiel weit mehr und im wahrsten Sinne des Wortes unglaublich.

Der Dalang bewahrt seine Schattenfiguren in einer Holzkiste auf, die er vor dem Spiel dreimal anschlägt, um die Puppen zum Leben zu erwecken. Daraufhin entnimmt er sie der Kiste und übergibt sie seinen beiden Assistenten zur Rechten und zur Linken. Diese stecken die Figuren griffbereit mit dem unten spitzen Handgriff in einen weichen Bambusstamm, der unter der Leinwand bereitliegt. Rechts werden die guten Puppen plaziert, links die bösen Gegenspieler. Beide Parteien werden durch ein filigranes Blatt, ebenfalls auf einem feinen Stiel stehend, auseinandergehalten. Dieses Blatt, in der Bali-Sprache als »Baum« bezeichnet, verkörpert zugleich den Lebensbaum und den Weltenberg als Mittelpunkt und Achse der Welt. Im Schattenspiel zeigt es Beginn und Ende der Vorstellung an. Zu den drei Personen gesellt sich ein kleines Gamelanorchester, das aus vier Xylophon-Spielern besteht.

Die Figuren für das Schattenspiel sind 35 bis 50 Zentimenter groß. Für Spiele bei Tageslicht ohne Schattenwand sind die Figuren aus Holz, für das nächtliche Spiel zwischen Fackel und Bildschirm aus der Haut des Wildrinds.

Der Schattenspieler (Dalang) sitzt hinter einer Leinwand und hält die Schattenspielpuppe zwischen Öllampe und Bildschirm.

Ein guter Dalang ist ein wahrer Künstler. Er muß eine große Bandbreite von Geschehnissen und Emotionen mit seiner Stimme darstellen können: Sprechen, Singen, Schreien, Schimpfen und Kämpfen gehören auf jeden Fall zu seinem Repertoire.

Die Zuschauer hocken erwartungsvoll vor der Leinwand auf dem Boden. Vorne sitzen die Alten, die nicht mehr so gut hören können, und dahinter die Jungen, die sich in der Dunkelheit gern an die Mädchen drängen. Die ganz jungen Burschen klettern auf die Geländer der Bales, auf Mauern und Erhebungen, damit sie ja alles gut überblicken können. Pranas großer Hof ist überfüllt, zwischen den geduldig wartenden Zuschauern ist kein Durchkommen mehr. Das Orchester spielt, und dann erscheint das gleichmäßig gezeichnete Blatt als ruhiger, schwarzer Schatten in der Mitte der Leinwand – das Spiel beginnt.

Schon tauchen die ersten Figuren auf, mal von rechts, mal von links oder direkt aus der Mitte herauskommend, wobei sie zunächst unscharf und entfernt erscheinen, bevor sie der Puppenspieler direkt vor die Leinwand drückt. Der Dalang kennt seine Schattenfiguren ganz genau; jede hat einen anderen Charakter und spricht ihre eigene Sprache. Unglaublich, wie nun in schneller Folge weibliche und männliche, rauhe und sanfte Stimmen wechseln. Da wird gesprochen, gesungen, geschrien und geschimpft, und alle Stimmen kommen doch aus einem einzigen Mund. Ein guter Dalang ist ein wahrer Künstler, der stundenlang und ohne Pause bis zu hundert ganz verschiedene Charaktere mit seinen Schattenpuppen darstellen kann. Die Figuren aus dem Adel sprechen Kawi (Altjavanisch) oder die Bali-Hochsprache, die lustigen Figuren aus dem Volk unterhalten sich in der volkstümlichen Bali-Sprache. Immer wieder laufe ich hinter die Kulissen, um zu sehen, ob da wirklich nur ein Mann spricht, ruft und beim Kampfgetöse die Fetzen fliegen läßt. Der Dalang spielt wie in Trance, greift die Schattenpuppen, die ihm die beiden Assistenten spielbereit reichen, so geschickt, daß er zeitweise bis zu fünf oder sechs Charaktere gleichzeitig auftreten läßt – obwohl er doch nur zwei Hände hat. Schlägt eine Schattenfigur die andere, dann gibt es tatsächlich einen lauten Schlag, der absolut synchron mit dem Spiel übereinstimmt.

Die Schattenwand wird zur Weltbühne, zum Schauplatz des ewigen Konfliktes zwischen Gut und Böse, zwischen Licht und Dunkelheit – zum Treffpunkt von Liebenden oder sich streitenden Dienern, die mit ihren Herrschaften derbe Spielchen treiben, bei denen das Publikum vor Vergnügen johlt und lacht. Durch das flackernde Licht erscheinen die Puppenschatten lebendig auf der Leinwand.

Frechheiten und Witze der unteren Volksschichten gegenüber den Adeligen sind ein ganz besonderes Element des Schattenspiels und erfreuen sich beim Publikum allergrößter Beliebtheit. Und je mehr vor der Leinwand gelacht wird, um so besser und schlagfertiger spielt der Dalang, der vom Publikum regelrecht inspiriert wird.

Da gibt es eine alte Geschichte von im einem besonders witzigen Dalang, der in einem Puri vor dem Raja und seinen Gästen auftrat. Der Raja wollte seinem Dalang selbst einen Streich spielen und verabredete mit allen Gästen, während der Vorstellung kein einziges Mal zu lachen. Der Dalang spielte und überbot sich selbst mit immer besseren Witzen und Klamaukdarstellungen. Aber es kam kein Echo, niemand lachte. Schließlich zog er seinen Kris aus dem Gürtel und durchstieß die Leinwand von hinten. Er zog das Loch mit den Fingern auseinander und schaute in sein verblüfftes Publikum – daraufhin erscholl tosendes Gelächter und auch der Raja amüsierte sich wie selten zuvor. Seit dieser Vorführung bauen viele Dalangs ihren Bildschirm mit einem kleinen Riß an der Seite auf – um das Publikum an den Vorfall im Puri zu erinnern und zum kräftigen Lachen zu animieren.

Doch auf der Leinwand geht es nicht nur um Witz und Klamauk, sondern auch um die alten Epen der Hinduwelt. Da wird die Leinwand zum Himmel, die Öllampe zur Sonne und dazwischen bewegen sich die Menschen; schwach und hilflos ohne den Beistand der Götter oder aber stark, hilfreich, edel und immer siegend.

Kunst und Kunsthandwerk

Kunst begegnet uns auf Bali nicht nur in den Tempeln und Puris, nicht nur bei Tanz und Theater, sondern auch überall im Alltag: am Strand, in jedem Souvenirgeschäft, in den Gärten der Gehöfte, bei der Totenverbrennung und natürlich in den zahllosen Werkstätten der Kunsthandwerker, die in fast allen Fällen offen und für jedermann zugänglich sind. Warum sind beinahe alle Menschen auf dieser Insel Künstler? I Gusti Puta Raka, der Leiter des Art Centre in Denpasar, erklärt es so:

»Zur Kunst zähle ich alles Statische und Dynamische, das sich durch gute Form auszeichnet, und durch den Ausdruck von Größe, Erhabenheit oder Feinfühligkeit geeignet ist, das Herz der Menschen zu bewegen. Kunst sind für mich die Dinge, die eine Verbindung zwischen Mensch und Gott ausdrücken.

Von einer anderen Seite her gesehen ist Kunst der Spiegel religiösen Denkens. Auch Opfergaben gehören zur Kunst, denn sie sind ein Mittel, eine Verbindung zwischen den Menschen und Gott herzustellen. Alles, was wir in dieser Hinsicht tun, muß gut und schön sein, auch wenn es einen Tag nicht überdauert. Der weitverbreitete Sinn für Kunst hängt eng mit der Religion zusammen. Schon wenn wir auf die Welt kommen, wird ein Fest mit einer Schattenspielaufführung, mit Musik oder Tanz gefeiert. Nach drei Monaten folgt erneut eine Zeremonie mit Opfergaben, Tanz und Musik. Immer hören und sehen wir Kunst. Und noch auf dem Weg zum Kremationsplatz folgt uns ein Orchester.

So lernen wir von Anfang an, mit Kunst zu leben, sie zu verstehen. Deshalb haben wir künstlerisches Blut, ohne selbst künstlerisch aktiv sein zu müssen. Letzten Endes bestimmt hier in Bali die Gesellschaft darüber, was Kunst ist und was nicht, was ein Meisterwerk ist und was nicht. Es ist die Gesellschaft selbst, welche die schöpferische Leistung in der Arbeit eines Menschen anerkennt. Eine Statue oder eine Maske braucht künstlerisch nicht unbedingt wertvoll zu sein, wenn sie unfaßbare, ungewöhnliche Kraft ausstrahlt, kann sie, trotz ihres künstlerisch niedrigen Niveaus, von größerer Bedeutung sein als ein Meisterwerk.«

Hinzu kommt die Geschichte: Durch die javanische Massenflucht vor dem Islam kamen, neben Adel und Brahmanen, vor allem Künstler nach Bali. Diesen bot die balische Kultur mit ihren Tempelbauten und Tempelfesten, die ausgeschmückt werden mußten, sichere Arbeit und auch die notwendige Entwicklung. In unserer Zeit ist der Tourismus als weiterer potenter Arbeitgeber der Künstler dazugekommen. Im Nordosten von Denpasar häufen sich die sogenannten Künstlerdörfer geradezu. Da liegt das

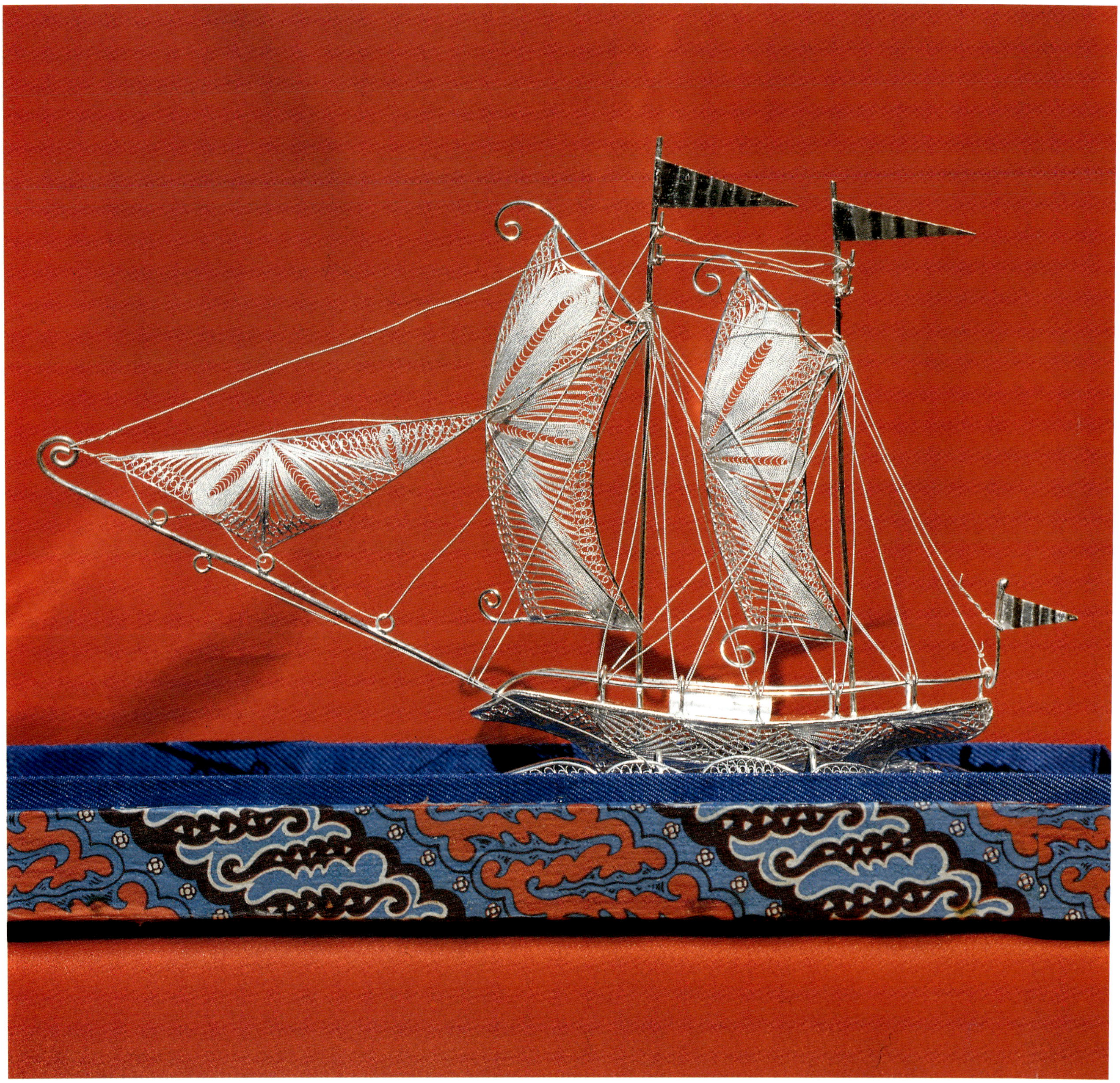

Zu den Arbeiten der Silberschmiede in Celuk gehören nicht nur Schmuckstücke, sondern auch filigrane Kunstwerke wie dieses etwa zwanzig Zentimeter lange Segelschiff.

Malerdorf Ubud, das Holzschnitzerdorf Mas, das Zentrum der Steinmetze, Batubulan, und das der Gold- und Silberschmiede, Celuk.

Bali ist ein einzigartiges Bilderbuchland, und das ist sicher auch ein Grund für viele Maler aus aller Welt gewesen, sich auf dieser Insel niederzulassen. Die Malerei ist hier eine noch junge Kunst. Zunächst wurden Gegenstände oder lange Bänder bemalt, die man an den Dächern von Tempelschreinen befestigte. Vor der Jahrhundertwende gab es praktisch nur eine Stilrichtung, den sogenannten Wayang-Stil, der Götter, Dämonen und Menschen in den Konturen der Schattenspielfiguren darstellte. Holländische Maler führten in der ersten Hälfte dieses Jahrhunderts ganz neue Richtungen ein und beeinflussen bis heute balische Künstler.

Natürlich finden wir auch weiterhin die bunten balischen Bilder aus der Götter- und Fabelwelt. Da sind geheimnisvolle Urwälder mit einer exotischen Vogel- und Tierwelt zu sehen, da schweben verführerisch schöne Jungfrauen über schlafenden Prinzen oder da treffen sich Balis Götter zur Beratung. Im nächsten Studio dagegen ist nichts mehr von all dem zu sehen, da hängen romantische Dorfszenen an den Wänden, Bauern bei der Reisernte oder beim Hahnenkampf, Porträts alter und junger Balier oder Kinder beim Spiel mit ihren bunten Drachen. Natürlich fehlen Bilder der Legong-Mädchen ebensowenig wie Bilder des Barong.

Gemalt wird heute in vielen nur denkbaren Stilrichtungen und mit allen zur Verfügung stehenden Mitteln. Mit Öl- und Wasserfarben, mit Pinsel oder Kohlestift, neuerdings besonders gern mit Acrylfarben. Moderne abstrakte Bilder hängen neben konservativen, bekannte Künstler neben unbekannten. Da werden Autos gemalt und Hexen, romantische Landschaften und Szenen mit verstopften Straßen in Denpasar. Bilder, große und kleine, gibt es in allen Preis- und Qualitätsklassen auf Holz, Leinen oder Papier.

Nach den holländischen Militärs folgte eine wahre Invasion von Malern aus Europa und Amerika, ganz besonders aber aus Holland selbst. Kunstkenner zieht es natürlich zu den bekannten Galerien so berühmter Bali-Maler wie Arie Smit, Hans Snell und Antonio Mario Blanco in Ubud. Diese und weitere westliche Maler haben auch die balischen Künstler stark beeinflußt und weiter ausgebildet.

Eine besonders schöne balische Spielart des Malens ist die Kunst der Batikmalerei, die wir in und um Ubud in allen Variationen und Qualitätsklassen finden. Batik, auch bei uns bekannt, ist eine aus Java stammende und in Europa erst nach der Jahrhundertwende eingeführte raffinierte Färbetechnik. Das Bild wird zunächst mit einfachen Bleistiftstrichen auf weißes Leinen gemalt. Dann werden beide Seiten des Stoffes mit Wachs abgedeckt und nur jene Flächen ausgespart, die im ersten Bad eingefärbt werden sollen. Das Bild wird nun für längere Zeit in ein kaltes Farbbad gelegt. Dadurch entsteht die feine Farbäderung auf den nicht mit Wachs behandelten Flächen. Nach dem Bad wird die Farbtönung chemisch fixiert und das Wachs durch siedendes Wasser gelöst. Nun wiederholt sich der gesamte Arbeitsprozeß. Das Bild wird erneut eingewachst, wobei jetzt die Stellen für die zweite Farbe ausgespart werden. Dann folgt das nächste Farbbad. Schließlich, nach drei oder gar fünf ähnlichen Durchgängen wird das Bild gewaschen und zum Trocknen aufgehängt.

Es ist geradezu unglaublich, zu welcher Kunst es die Balier in der Batiktechnik gebracht haben. Das betrifft sowohl die Bilder als auch die Muster, die Tischdecken, T-Shirts und ähnliches zieren. Für fotografisch Interessierte ist es ganz besonders reizvoll, eine balische Batikgalerie am Nachmittag zu besuchen und die Kunstwerke gegen die tiefstehende Sonne zu fotografieren. Erst in diesem Durchlicht kommt die ganze Farbenpracht und Intensität der Bilder zur vollen Geltung.

Die Holzschnitzkunst auf Bali ist eine Klasse für sich. Auch die Holzschnitzer können aus einem großen Erfahrungsschatz schöpfen, denn die hölzernen Dachstühle der Tempel-Bales waren schon immer

Das Fabelwesen Barong als Batik, in der Originalgröße von achtzig mal achtzig Zentimetern.

Masken als Batik, in der Originalgröße siebzig mal siebzig Zentimeter.

In der Malerei herrschen Aquarelle mit Szenen aus dem balischen Alltag vor. Sei es der Reisbauer bei einer Zigarettenpause oder der stolze Besitzer eines Kampfhahnes. Gefunden in Ubud.

Aquarell aus der Welt des Tanzes und Theaters, gefunden in Ubud.

reich mit Schnitzereien geschmückt. Aus dieser Tradition ist heute eine regelrechte Touristenindustrie hervorgegangen. Das gängigste Motiv der Holzschnitzer ist sicherlich der farbenprächtige Garuda, der göttliche Vogel, in vielen Variationen und Größen. Dann gibt es hervorragende Einzelstücke der unterschiedlichsten Motive und auch sehr modern gehaltene feine Schnitzereien, denen der Einfluß westlicher Künstler anzusehen ist.

So zahlreich wie die Holzschnitzer sind auf Bali auch die Steinmetze vertreten, die nicht nur Götter- und Dämonenfiguren für die Tempel und Puris schaffen, sondern ihre Steine ebenso für Banken, Regierungsgebäude, Hotels und Privathäuser verarbeiten. Auf der Insel herrscht eine enorme Nachfrage nach Steinplastiken; selbst Touristen ordern bereits zentnerschwere Dämonen oder Garudas, die dann sorgfältig verpackt nach Übersee verschifft werden. Man zahlt dabei nicht nach dem Gewicht, sondern nach Kubikmetern. Der Preis der Seefracht ist oft etwa doppelt so hoch wie der Preis der Figur selbst.

Das Gold- und Silberhandwerk schließlich ist vor allem in Celuk zu finden. Schon bei den jungen Legong-Mädchen fällt der Gold- und Silberglanz zarter Blüten im schwarzen Haar auf. Schmuck aus Gold und Silber ziert Tänzerinnen und Bräute gleichwohl, und der Besucher findet eine ungewöhnliche Auswahl an feinen, filigranen Broschen, Armreifen, Ohrringen und Spangen wie auch silbernen Modellen von Segelschiffen, balischen Ochsenkarren oder reistragenden Bauern.

Die Balier sind Künstler und kennen doch kein eigenes Wort für diesen Sammelbegriff, sondern nur präzise Ausdrücke für die verschiedenen Arten des Malens, Holzschnitzens oder Schmiedens. Kunst ist für sie natürlich, nicht einmal besonders erwähnenswert. Die Ausschmückung ihrer Welt mit schönen, oft unnütz erscheinenden Dingen ist nicht begnadeten Künstlern vorbehalten, sondern eine Selbstverständlichkeit für jedermann.

Und über ein Kunstwerk, gleich ob aus Stoff, Stein, Holz, Papier, Silber oder Gold, entscheiden nicht allein die geschickten Hände des Meisters, sondern – so der Patron der Künste im Dorf Saba I Gusti Gede Raka:

»Kunst ist Denken, das in den Händen Ausdruck findet. Wesentlich sind Form und Leben, bei Masken etwa muß die Seele in den Augen sein. Das ist sehr schwierig, und es kann vorkommen, daß von fünfzig Masken nur eine wirklich beseelt ist. Voraussetzung für das Gelingen der Arbeit sind immer ruhige Gedanken.«

Tod und Verbrennung

»Das Ende der Geburt ist der Tod. Das Ende des Todes ist die Geburt. Das ist das Gesetz.«

So steht es in der Bhagavadgita, dem »Gesang des Erhabenen« der gläubigen Hindus. Das Leben ist nach balischer Auffassung nur ein kurzes, vorübergehendes Erdendasein in der fortwährenden Evolution der ewigen Seele. Deshalb wird der Tod auch nicht als endgültig angesehen, sondern eher als freudiger Neubeginn der geistigen Wiedergeburt. Totenverbrennungen sind auf Bali nach wie vor große rituelle Ereignisse von ungeheurer spiritueller Ausdruckskraft und Farbigkeit. Und aus genau diesem Grund sind sie in den letzten Jahren immer mehr zu Touristenspektakeln geworden. Jeder Besucher Balis kennt die eindrucksvollen Farbbilder von brennenden Stieren und Türmen und hofft wohl auch, ein derartiges Ereignis selbst einmal mitzuerleben. Nun gibt es Verbrennungen aber – trotz der Größe einer Stadt wie Denpasar – durchaus nicht täglich, denn die meisten Menschen auf Bali sind arm und können sich eine großartige Verbrennungszeremonie gar nicht leisten. Viele warten daher auf die nächste preiswerte Massenverbrennung, von der die Touristen jedoch in der Regel nichts erfahren.

Steht aber in der Nähe der Touristenzentren, im Umkreis von bis zu hundert Kilometern vielleicht, eine große Verbrennung eines oder einer Verstorbenen hoher Kaste in einem schwarzen oder gar in einem weißen Stier bevor, dann wird dieses Ereignis von Taxifahrern, Busunternehmen und Reiseagenten schon Tage vorher angekündigt und als »das Bali-Erlebnis schlechthin« regelrecht vermarktet. Ist dann der Tag gekommen, so füllt sich der Verbrennungsplatz lange vor Ankunft der Prozession mit bunten Touristenmassen. Wer zu spät anreist, findet an der Hauptstraße keinen Parkplatz mehr und muß oft meilenweit zu Fuß gehen, vorbei an parkenden Bussen und Taxis; und dieser Weg ist von Händlern gesäumt, die T-Shirts und Sonnenhüte anbieten, kalte Getränke und bunte Masken, Holzschnitzereien und Postkarten. Der erstaunte Tourist glaubt, auf dem Weg in ein überfülltes Fußballstadion zu sein, so dicht wird das Heer der fliegenden Händler, je weiter er sich dem Verbrennungsplatz nähert.

Die balischen Teilnehmer einer solchen Totenverbrennung scherzen und lachen, sie sind fröhlich und ausgelassen wie bei einem Karnevalszug, denn an diesem Tag wird die Seele des Verstorbenen endlich befreit. Außerdem ist der eigentliche Schmerz über den Verlust eines nahestehenden Menschen oft schon verflogen, weil dieser in der Regel schon vor Wochen, Monaten oder – wenn es sich um Angehörige der Gruppe der einfachen Reisbauern handelt – gar vor Jahren oder Jahrzehnten verstorben ist. Zur Verbrennung kommt es erst, wenn die An-

Der Tote wird in einem prunkvoll geschmückten Turm zur Verbrennung getragen. Hier entnehmen Angehörige die Leiche dem Transportturm, um sie anschließend zur Verbrennung in den weißen Stier zu legen.

gehörigen das notwendige Geld für die Zeremonie zusammengespart haben.

Auch wir erleben bei einem unserer Besuche das eindrucksvolle Ereignis einer Totenverbrennung.
In einem hohen Holzturm tragen Verwandte und Freunde den Sarg mit dem Leichnam unter Musikbegleitung zur Verbrennungsstätte. Diese, eine Wiese unter Palmen, gleicht einem Festplatz. Da wird Coca-Cola verkauft, Früchte und Blumengebinde werden verteilt. Endlich steht der Bambusturm neben dem Verbrennungsgerüst. Der Sarg wird von Familienangehörigen aus dem Turm gezogen und zur Totenverbrennung über einem Gasgebläse postiert. Einen Stier oder ein anderes Fabelwesen gibt es heute nicht, da der Tote einer niederen Kaste angehörte. Wenn möglich wird allerdings auch bei ärmeren Menschen immer ein Verbrennungssarkophag in Tiergestalt benutzt. Bei einer anderen, weit größeren Verbrennungszeremonie haben wir erlebt, daß die Beteiligten in genau diesem Moment feststellen mußten, daß kein Dieselöl zur Stelle war, um das Bambusgerüst in Flammen zu setzen. Und ohne Öl wollte es einfach nicht brennen. Ein Mann schwang sich auf sein Moped und sauste los. Nach einer Stunde, in der die Menge geduldig wartete, kam er schließlich mit einem vollen Ölkanister zurück.

Heute jedoch ist alles zur Stelle, und der unrein gewordene Transportturm geht in Flammen auf. Es knistert, qualmt und zischt, ich traue mich mit meiner Kamera dicht an das Flammenmeer heran. Da greift die Hand eines Einheimischen meine Schulter.

»Möchtest Du ein gutes Bild machen? Warte eine halbe Minute und paß auf!«

Der junge Mann, Sohn des Verstorbenen, holt einige Liter Benzin und schüttet sie zusätzlich in die Glut. Der ganze Bambusturm scheint zu explodieren. Lachend schiebt mich der Balier hinüber zu seinem toten Vater, dessen Umrisse jetzt deutlich in den lodernden Flammen zu erkennen sind. Es knistert und riecht übel, das brennende Gas zischt unter dem toten Körper.

Auch Prana lacht und sieht unsere etwas verwirrten Gesichter.

»Ihr müßt das verstehen! Die Verbrennung ist eine fröhliche Zeremonie. Die Seele des Mannes ist endlich frei und findet ihren Weg zu den Göttern. Kommt, fahren wir heim nach Sanur.«

Glückliches Bali, in dem die Menschen in solcher Eintracht mit ihren Göttern wohnen. Genau so erleben Jahr für Jahr Tausende von Touristen die bunten Bilder einer Totenverbrennung auf dieser Insel. Sie halten ihre Foto- und Videokameras in die exotische Szene, trinken eisgekühlte Coca-Cola, kaufen noch rasch ein Batikhemd und fahren »heim« ins Hotel.

Die Verbrennung des Körpers ist dabei nur ein Höhepunkt der höchst komplizierten Totenzeremonie, die wieder von Dorf zu Dorf und vor allem von Kaste zu Kaste unterschiedlich ist. Und von all den rituellen Feinheiten, die vor und nach der Verbrennung meist im engsten Familienkreis stattfinden, sieht der Besucher in der Regel ohnehin nur wenig. Optisch dominiert an solch einem Tag das turbulente Geschehen auf und um den Verbrennungsplatz, das jahrmarktsähnliche Treiben der fliegenden Händler, das Auflodern der Flammen und die buntgekleidete Menge der Balier. Aber was geschieht da wirklich? Und was geht diesem Spektakel voraus?

In der Glaubenswelt der Bewohner Balis existieren drei Ebenen: die Oberwelt, der Aufenthaltsort der vergöttlichten Ahnen, der Himmel (repräsentiert durch das Pura Puseh), – die Mittelwelt, in der die Menschen leben, die Erde (repräsentiert durch das Pura Desa), – und die Unterwelt, wo die Dämonen und die Todesgöttin Durga hausen (repräsentiert durch das Pura Dalem). Mit dem Tod fällt der Mensch in diese Unterwelt und wird zum Diener des Totengottes Batara Yama. Die Seele irrt so lange in der Nähe des Verstorbenen umher, bis der Körper beerdigt und damit der Unterwelt zugeführt wird. Bei der späteren Exhumierung gewinnt auch die Seele des Toten wieder Einlaß in die Menschenwelt und erfährt erst dann endgültige

Erlösung, wenn der Körper materiell nicht mehr existiert. Das ist erst nach der Verbrennung der Fall, wenn der Körper seinem Ursprung und die Seele Gott zurückgegeben wird.

Eine prunkvolle Verbrennung ist eine kostspielige Angelegenheit. Viele Menschen legen bereits zu Lebzeiten einen Kremationsfond an, mit dem sie für ihre eigene Totenfeier sparen. Aber oft kommt der Tod überraschend, die Summe für ein angemessenes Fest ist noch nicht beisammen. In dem Fall werden die Verstorbenen, in Leinentücher gewickelt, zunächst begraben – und dann wird weiter gespart, monate- oder jahrelang. Ist das erforderliche Geld endlich aufgebracht, so werden die sterblichen Überreste der Toten zur Verbrennung wieder ausgegraben. Und auch das ist ein fröhliches Fest. Die Gräber sind oft kaum zu erkennen und längst von tropisch wucherndem Unkraut überzogen. Stößt die Schaufel endlich auf einen Schädel oder auf Gebeine, so wird jeder Fund freudig bejubelt, gewaschen und sortiert. Es kommt auch vor, daß nach Jahren von den Toten nichts oder so gut wie nichts mehr zu finden ist. Dann wird schließlich eine »Ersatzpuppe« an seiner Stelle verbrannt, die von der Seele ebenfalls akzeptiert wird.

Auch bei diesem uns seltsam anmutenden Tun gibt es kaum eine Regel ohne Ausnahme. Ein Priester darf beispielsweise auch nicht vorübergehend der Erde, dem Reich der Dämonen, übergeben werden. Er wird nach seinem Tod ohne vorausgehende Erdbestattung eingeäschert. Und Soldaten, die im Kampf fallen, müssen gar nicht verbrannt werden. Ihr Mut und ihre Opferbereitschaft für eine gerechte Sache haben sie rituell bereits gereinigt, so daß sie unmittelbar in die Ewigkeit eingehen und ihre Seele zu den Göttern schwebt.

In der Regel bleibt der Tote bis zur Verbrennung im Haus seiner Familie. Diese gilt während dieser Zeit als unrein und darf keinen Tempel betreten, nicht einmal den eigenen Haustempel. Vor einem Haus, in dem ein Verstorbener ruht, wird Abend für Abend eine Korblampe oder auch ein bunter Papierlampion angezündet, damit die jetzt umherirrende Seele immer wieder den Weg findet, zurück in den verstorbenen Körper.

Die Angehörigen und Verwandten reiben den Leichnam mit einer Mischung aus Reismehl, Salz, Essig und wohlriechendem Sandelholz ein und falten seine Hände über der Brust. Sie schmücken die Handgelenke des Toten mit Ritualgeld, mit sogenannten Kepengmünzen, und bedecken die Augen mit Glas und die Nasenlöcher mit wohlriechenden Blüten. Auf die Zähne, Arme und Beine legt man Nägel und schließlich wird noch ein sauberes Ei über den toten Körper gerollt. Jede Handlung, jeder Schmuck hat seine ganz besondere Bedeutung. Nach der Wiedergeburt sollen die Augen wie Spiegel strahlen, die Zähne, Arme und Beine sollen hart wie Eisen sein und der Atem so rein und lieblich wie der Blumenduft. Das weiße Ei schließlich soll eine saubere und glatte Haut bewirken. Erst wenn diese rituelle Waschung abgeschlossen ist, wird der Leichnam in weiße Tücher gewickelt und auf ein Bambusgerüst gebunden. Natürlich reicht man ihm, solange er im Hause aufgebahrt ist, Ritualmahlzeiten aus Reis, Nüssen und Blüten. Sterbliche Überreste, die schon lange in der Erde lagen, werden vor der Verbrennung ganz ähnlich behandelt. Neben dem Toten oder seinen sterblichen Resten steht eine kleine Silberschale mit Blättern der Lontarpalme und Sandelholz bereit, um die umherirrende Seele immer wieder aufzunehmen.

Die Gemeinschaft der Nachbarschaft und des Dorfes spielt auch bei den Totenritualen eine ganz erhebliche Rolle. Wenn ein Bewohner stirbt, legen viele Menschen im Dorf ihre normale Arbeit beiseite und beginnen wie selbstverständlich mit den Vorbereitungen zur Verbrennung. Die Schreiner und Maler arbeiten dann an den Kremationstürmen und Verbrennungssärgen, die als Stiere, Flügellöwen, Fische oder in Form anderer Fabeltiere sehr kunstvoll hergestellt werden. In dieser Vorbereitungszeit gibt es plötz-

Ein Feuermeer hat in Sekunden-schnelle den prunkvollen Transport-turm zerstört. Rauch und Funken verdunkeln den hellen Himmel Balis.

Die Flammen haben den Stiersarg mit dem Leichnam schon weitgehend in Kohle und Asche verwandelt, jetzt ergreifen sie auch das trockene Schattendach aus Palmblättern.

lich zusätzliche Arbeit für zwanzig bis fünfzig Leute, die dafür von der betroffenen Familie Essen, Getränke und Zigaretten erhalten, aber keinen finanziellen Lohn. Die Aufgabe der Frauen ist auch in diesem Fall das Anfertigen und Schmücken der Opfergaben. In das Haus des Verstorbenen zieht mit dem Tod eine geschäftige Betriebsamkeit ein. Es herrscht eine ständiges Kommen und Gehen der Dorfbewohner, im Hof dampfen Reisschüsseln und Teekessel.

Wir haben als Touristengruppe solch ein Totenhaus besucht, wo wir von der Familie herzlich willkommen geheißen und zu Speis und Trank eingeladen wurden. Von Trauer war da keine Spur, alle Gesichter lachten uns fröhlich entgegen und forderten uns immer wieder auf, diese und jene Leckerei noch einmal zu probieren. Im Schatten großer Feigenbäume stand der Transportturm, auf dem die Leiche am nächsten Tag zum Verbrennungsplatz getragen werden sollte. Als ich darum bat, das schwere Bauwerk für ein Foto in die Sonne zu rücken, war das überhaupt kein Problem, und viele starke Arme packten zu.

Am Tag der Verbrennung tragen die Banjar-Angehörigen, also wieder die Helfer aus der Nachbarschaft, den Toten aus dem Haus zum Turm. Aber nicht etwa durch die Tür oder das Tor, wie zu erwarten wäre, sondern über die Gehöftmauer hinweg; in manchen Fällen wird sogar eigens für diesen Transport ein Loch in die Mauer geschlagen und hinterher wieder mit Lehm und Steinen verschlossen. Türen und Tore werden gemieden, damit der Seele der Rückweg erschwert wird. Zwischen fünfzig und hundert Burschen tragen nun den schweren Turm mit der Leiche und dem ältesten Sohn des Verstorbenen oben auf dem Gerüst zum Verbrennungsplatz. Das geschieht in Form einer bunten Prozession mit einem begleitenden Trommel- und Flötenorchester. Vor dem Turm gehen die Frauen mit ihren Opfergaben auf den Köpfen. Da wirbelt Staub auf, und an jeder Kreuzung wird der Turm gedreht und geschwenkt, so daß der Beobachter an seinen sicheren Sturz glaubt. All das ist mit lautem fröhlichen Geschrei verbunden, das die Seele weiter verwirren soll, damit sie ängstlich im Körper bleibt und nicht zurück zum Haus entweicht.

Der Transportturm gleicht den hohen Tempelschreinen und zeigt mit seinen zahlreichen Stockwerken und Dächern die Kaste des Verstorbenen an. Elektrische Leitungen müssen mit langen Stangen hochgedrückt werden, um der Prozession eine reibungslose Beförderung des Gerüstes zu ermöglichen. Im Februar 1979 wurde in Ubud der letzte balische Fürst Tjokorde Gde Agung Sukawati in einem Turm mit neun Dächern zur Verbrennung getragen. Zu diesem Ereignis hatte man vorsichtshalber alle elektrischen Leitungen, die den Weg zum weit entfernten Verbrennungsplatz überspannten, abmontiert. Der Tag für diese große, bedeutende Verbrennung wurde wie üblich von stern- und kalenderkundigen Astrologen berechnet und lag mitten in der Regenzeit. Aber über Ubud brannte an diesem Tag eine erbarmungslose Sonne, genau wie es die Priester vorausgesagt hatten.

Die Prozessionen zum Verbrennungsplatz finden immer in den heißen Mittagsstunden statt, da das Verbrennungsritual vor Sonnenuntergang beendet sein soll. Und trotz der schweren Last wählen die halbnackten Männer mit dem schwankenden Turm nie den kürzesten und leichtesten Weg. Schwitzend, keuchend und lärmend laufen sie steile Böschungen hinauf und hinunter, durchqueren ein Flußbett, obwohl es hundert Meter weiter eine Brücke gibt, und sind immer wieder bemüht, die Seele des Verstorbenen zu erschrecken und zu verwirren.

Schließlich erreicht der bunte Zug den Verbrennungsplatz, auf dem bereits seit Stunden volksfestähnliches Markttreiben herrscht. Da steht der weiße Stier auf einem goldgeschmückten Bambuspodest, an dem bis zur letzten Minute noch gearbeitet und gemalt wurde. Der Leichenturm wird neben den Verbrennungssarg gestellt und die in weiße Tücher gewickelten sterblichen Überreste über eine Leiter heruntergereicht. Die Holz- und Stoffhülle des Stieres wird nun mit Messern geöffnet, um den Leichnam hineinschieben zu können. Ein Priester rezitiert sakrale Texte und Gebetsformeln, während er den Toten mit heiligem Wasser besprengt. Familienangehörige geben Blumenopfer, Reis und Stoff mit in den Sarg, bevor die Öffnung provisorisch verschlossen wird. Und schon züngeln die ersten Flammen über den Leib des Stieres, unter dem ein Stoß von Sandelholz aufgeschichtet ist. Was in wochenlanger Arbeit mit viel Liebe und Mühe, und großem Geldaufwand, angefertigt und kunstvoll geschmückt und bemalt wurde, wird nun in wenigen Minuten ein Opfer der sich rasch ausbreitenden Flammen. Eine Demonstration des Glaubens der Balier, nach dem alle Materie vergänglich ist. Nur die Seele hat ewigen Bestand.

In dem Moment des Inbrandsetzens des Sarges kehrt erstmals Ruhe bei den vielen Menschen auf dem Festplatz ein, alle schauen auf den bald lichterloh brennenden Stier, der knistert und flackert. Der Wind treibt die Funken in das Dach über dem Tiersarg, das explosionsartig aufflammt und davonfliegt. Viele Menschen verlassen nun den Verbrennungsplatz, während die engsten Angehörigen sowie einige vom Banjar beauftragte Männer zurückbleiben, um die weitere Einäscherung zu überwachen und zu steuern. Was heiter und unglaublich farbenprächtig begonnen hat, endet in makabren Szenen – zumindest für europäische Augen. Der Stier ist schnell verbrannt, nicht so die Leiche selbst. Sie liegt in Metallbändern, die den Leib des Stieres zusammengehalten haben, und hebt sich deutlich im verkohlten Tierkörper ab. Ein Gasbrenner wird nun wie ein fürchterlicher Flammenwerfer auf den halbverbrannten Körper gerichtet. Es zischt und raucht, während der Leichnam mit Stangen und Stöcken so gedreht und gewendet wird, daß tatsächlich alles sauber zu Asche verbrennt.

Schließlich ist von einem Menschen nichts mehr zu erkennen, und das noch glimmende Feuer wird erstickt. Der Körper ist zerstört, die Seele mit dem Rauch zu den Göttern aufgestiegen. Aber nicht die ganze Seele, nur ein Teil von ihr. Der restliche Teil befindet sich noch in der weißen Asche, die am gleichen Tag in einer offenen Kokosnuß auf einem reich geschmückten, von Männern getragenen Thronsessel zu einem Fluß oder direkt zum Meer getragen wird. Der Körper, der aus dem Wasser entstanden ist, kehrt nach der Verbrennung in sein Ursprungselement zurück. Der Priester bittet die Geister des Wassers, die Asche sorgfältig fortzutragen. Der Feuerreinigung folgt somit die zweite Reinigung durch das Wasser. Jetzt erst ist die Seele von allen Erdbindungen befreit und die Wiedergeburt eingeleitet, denn »das Ende des Todes ist die Geburt«, wie der Bhagavadgita sagt.

Die Gebrüder Blair haben mit dem Film »Lempad von Bali« ein großartiges Werk über Leben, Tod und Verbrennung auf Bali geschaffen. Lawrence Blair berichtet von den Hintergründen:

»Eines Tages starb in unserem Nachbardorf Peliatan der große balische Künstler Gusti Nyoman Lempad im Alter von hundertsechzehn Jahren. Er zelebrierte seinen Tod ganz bewußt. Der alte Lempad war ein guter Freund von uns und ich habe ihn einmal gefragt, wie er es geschafft habe, so uralt zu werden und dabei so gesund zu bleiben. ›Verglichen mit meinen Großeltern‹, antwortete der Lempad freundlich grinsend, ›bin ich noch ein Baby. Als ich jung war, sagte ein weiser Mann, wenn ich niemals lesen und schreiben lerne, bleibe meine Seele unbelastet von den weltlichen Angelegenheiten, und so könnte ich mich nach meiner Bestimmung entwickeln und mein Leben ausleben. Das habe ich getan.‹ Der Lempad blieb Analphabet und wurde trotzdem zu einem großen Künstler und Philosophen. Sein besonderes Erkennungszeichen

Auf Menschen außerhalb der balischen Kultur mögen solche Szenen vielleich makaber wirken – doch die Fröhlichkeit der Umstehenden lehrt etwas anderes. Die Seele des Verstorbenen und Verbrannten ist endlich befreit. »Das Ende der Geburt ist der Tod. Das Ende des Todes ist die Geburt. Das ist das Gesetz.«

Opfergaben für den Toten: Blumen, Reis, Palmblätter und Geldscheine.

war, daß er keines seiner Werke je wirklich vollendete. ›Vollkommenheit ist Sache der Götter‹, meinte er, ›und ich wäre verrückt, wenn ich ihnen nacheifern wollte.‹ Der Lempad hatte nicht nur den heiligen Tag Kadjing Kliwon für seinen Tod ausgewählt, er starb auch in genau dem Augenblick, als die Sonne über dem Gunung Agung aufging. Er hatte zuvor im geweihten Wasser der Tempelquelle gebadet und sich dann, der Sitte entsprechend ganz in Weiß gekleidet und seine große Familie um sich herum versammelt. Als alle anwesend waren und geduldig warteten, hatte er sich aufgesetzt, ein paar Worte gesprochen, und war dann lächelnd gestorben. In seiner Hand hielt er eine hölzerne Maske, an der er drei Jahre lang sorgfältig gearbeitet hatte. Sie war unbemalt und strahlte großen Frieden aus. Er nannte sie ›Das Gesicht einer jungen Seele‹. Durch meinen Freund Lempad habe ich erfahren, daß auf Bali selbst das Sterben eine Kunst ist.«

Tourismus auf Bali

Es gibt ganz unterschiedliche Möglichkeiten, Bali für sich zu entdecken und zu erkunden. Man kann dort ebenso einen Badeurlaub am Strand wie auch eine kulturell sehr anspruchsvolle Studienreise durchführen – oder beides miteinander verbinden. Viele Veranstalter bieten Rundreisen an, die alle wesentlichen Sehenswürdigkeiten einschließen. Andererseits ist es gar kein Problem, sich auf Bali ein Fahrrad, ein Motorrad oder ein Auto zu mieten und auf eigene Faust zu reisen. Gefahren wird links. Hotels und Unterkünfte gibt es in allen Preis- und Standardklassen.

Der sogenannte Massentourismus beschränkt sich auf drei wunderschöne Strände im Süden Balis: Kuta, Sanur und Nusa Dua. Hier liegen Luxushotels mit Privatstränden und aufwendigen Poolanlagen direkt an der Küste und preiswerte, aber saubere Herbergen nur wenig weiter entfernt, gleich hinter der Straße. Diese Touristenmetropolen bieten regelmäßig balische Tanzvorführungen auf hoteleigenen Bühnen sowie Busfahrten zu Barong-, Kecak- und anderen wichtigen Tanzspielen an.

Die Zentren des Kunsthandwerks liegen nordöstlich von Denpasar in den fruchtbaren Ebenen zwischen der Hauptstadt und den Bergen, die schönsten Reisterrassen an der Hauptstraße Gilimanuk-Denpasar zwischen Surabratan und Antasari – genau an dem Knick, an dem die Straße das Meer erreicht – sowie südlich des Agung in der einsamen Küstenregion. Die spektakulärsten Bergwanderungen lassen sich am Mount Agung und Mount Batur wie auch in der zwischen den beiden Bergen gelegenen Gegend unternehmen, während wir das sicher schönste Tauch- und Schnorchelparadies im Nordwesten, auf Menganjan Island, entdeckt haben. In dem kleinen Ort Labuhan Lalang existiert eine Tauchschule, wo man sich auch Schnorchelausrüstungen (Flossen und Brille) ausleihen und kleine Motorboote für die Überfahrt nach Menganjan Island chartern kann.

Wer dem Massentourismus mit seinen Vor- und Nachteilen aus dem Wege gehen möchte und trotzdem reine Stranderholung sucht, findet sein Ideal am Lovina Beach im Norden. Die Hotels dort bieten zum Sonnenaufgang interessante Bootsfahrten an, auf denen man Delphine beobachten kann. Überall an den Stränden – und auch auf den touristisch erschlossenen Seen wie zum Beispiel Lake Bratan – kann man Wasserski laufen oder sich am Drachen durch die lauen Lüfte ziehen lassen. Wer dagegen die schönsten Tempel vor einem blutigen Himmel erleben möchte, dem empfehle ich, vor Sonnenaufgang und Frühstück zum Pura Ulun Danu Tempel an den Bratan-See und zum Sonnenuntergang nach Tanah Lot an die Südküste zu fahren. Die Verpflegung ist denkbar unkompliziert zu handhaben. In allen

Hotels gibt es gutes Frühstück mit Früchten, Eiern, Toast und Kaffee bzw. Tee sowie sehr gutes Abendessen mit hervorragenden Fischgerichten indonesischer und europäischer Küche. Außerdem findet der Reisende im ganzen Land kleine Warungs, Garküchen, die gebratene und wohlschmeckende Leckereien anbieten.

Wir haben Bali mehrfach bereist und glauben, mit unseren Erfahrungen eine geradezu ideale Rundreise zusammengestellt zu haben. Eine Rundreise, die alle wesentlichen Sehenswürdigkeiten und Landschaftsformen einschließt.

Während meines ersten Aufenthaltes auf der Insel habe ich im luxuriösen Bali Beach Hotel (drei Restaurants und drei Pools) in Sanur gewohnt. Dieses Hotel wollte ich auch für meinen nächsten Aufenthalt buchen, aber es war voll besetzt, und mein Freund Prana schickte mir ein Fax nach Deutschland, in dem er mir sein Bedauern mitteilte und sagte, daß er ein ganz kleines Bungalowhotel am Strand von Sanur, das Besakih, für uns reserviert habe. Wir flogen mit der Garuda, Indonesiens staatlicher Fluggesellschaft, mit einem kurzen Zwischenstop in Jarkata nach Bali und landeten auf dem einzigen internationalen Flugplatz in Denpasar. Noch auf dem Weg zum Hotel entschuldigte sich Prana erneut, daß er uns im Bali Beach Hotel nicht habe unterbringen können. Dann waren wir am Ziel. Eine bescheidene, fast unauffällige Rezeption, dahinter – zwischen Straße und Meer – ein schattiger Garten mit kleinen Bungalows, einem winzigen Pool und einer Restaurantterrasse direkt am Meer. Zwischen den Bungalows stehen hohe Palmen und immer blühende Hibiskussträucher, vor denen kleine, steinerne Götterfiguren und Fabeltiere den Gast willkommen heißen. Von den Bungalows zu Restaurant und Strand sind es höchstens zwei Minuten, und schon beim Frühstück schaut man über das Meer, auf dem einige Fischerboote dümpeln, zum heiligen Mount Agung hinüber. Am Abend sitzen wir auf derselben Terrasse und sehen den vielen Sternschnuppen zu, während von irgendwoher Gamelanmusikfetzen herüberwehen. Jeden Morgen sind die Götter mit frischen Blüten geschmückt, und die Mädchen in ihren herrlichen Sarongs lächeln von früh bis spät. Wir haben uns im kleinen Strandhotel Besakih so wohl gefühlt, daß wir bei folgenden Balireisen als Basis nie wieder andere Hotels gebucht haben. Doch, einmal kamen wir von einer wochenlangen Schiffsreise kreuz und quer durch Indonesien mit der legendären »Society Explorer« (früher Lindblad Explorer) zurück nach Bali und wurden von dem amerikanischen Tourveranstalter »Society Expedition« in das neue Luxushotel Nusa Dua Beach Hotel gesteckt. Dort saßen wir am riesigen Pool und träumten von »unserem« kleinen Besakih. Dabei liegt der Strand vom Besakih Bungalowhotel keineswegs ruhig und abseits. Im Gegenteil, ich sitze da noch keine Minute lang zusammen mit Renate im Schatten von Palmen und freue mich auf ein spannendes Taschenbuch, da kommt Susi:

»You want massage?«

»Not now, thank you!«

»Ah deutsch? Später vielleicht Massage?«

»Ja, später vielleicht.«

Susi wendet sich dem nächsten Strandgast zu. Da spricht uns ein fliegender Händler an:

»You want Rolex, very cheap! I give you special price!«

»Antworte nicht«, meint Renate, »sonst werden wir ihn nicht mehr los.« Ich möchte mir die Rolex ansehen und nehme eine glänzende, goldene Uhr aus dem hingehaltenen Kästchen.

»Only 50 Dollar for you«, flüstert der Mann fast geheimnisvoll.

»Das ist keine echte Rolex, das ist eine billige Imitation aus Taiwan!«

»Richtig, aber sie ist viel besser als eine echte Rolex. Eine richtige Rolex ist viel zu teuer. 50 Dollar ist billig – ich mache einen Spezialpreis für Deutsche!«

»Schick ihn weiter, damit wir Ruhe haben«, drängt Renate.

Der Händler nimmt mir die Uhr aus der Hand, sieht mir lachend in die Augen, zeigt mit dem Daumen auf

Die kleine und eher bescheidene Hotelanlage des Besakih-Bungalow-Hotels in Sanur liegt in einem schattigen Park voller tropischer Bäume und Blüten. Hier haben wir uns so wohl wie in keinem anderen Hotel gefühlt.

Bunte Auslegerboote am Strand von Sanur werden meist von jungen, einheimischen Burschen an Touristen vermietet.

Renate und brummt:

»Mama nix gut!«

Schon ist Susi wieder da:

»Vielleicht jetzt Massage?«

»Ja, jetzt, damit wir endlich Ruhe haben!«

Wir kaufen auch keine Omega und keinen Drachen, keine Puppen, keine Batik und keine Schnitzereien. Susis Massage rettet uns für eine Stunde. Dann kommt Prana an den Strand und freut sich, uns gefunden zu haben.

Am Strand von Sanur wird neben Bali-Massage, Wasserski und Fallschirmfliegen hinter dem Motorboot angeboten. Fliegende Händler verkaufen Billiguhren »made in Taiwan«, bunte Drachen, phantasievolle Masken, Holzschnitzereien, Bilder und vieles mehr. Aber am Abend herrscht Ruhe, und ich erinnere mich gern an ausgedehnte Wanderungen nach Sonnenuntergang am mondhellen Strand.

Noch wesentlich bunter und lauter geht es am Touristenstrand von Kuta zu. Bis Mitte der siebziger Jahre war Kuta ein verträumtes Fischernest mit einer einzigen sandigen Straße, die zum Strand führte. Wer damals Kuta erlebt hat, erkennt die Stadt heute nicht wieder. Unzählige Hotels und Läden sind an neuen Straßen entstanden, die für die vielen Autos und Motorräder schon wieder zu eng geworden sind. Den Strand sieht man vor Touristen und Händlern kaum. Da stehen Warungs und Discos, billige und teure Boutiquen dicht gedrängt. Kuta ist eine Stadt für junge Leute, die sich im Urlaub austoben möchten, die Lärm, Musik und Mädchen in Minibadekostümen mögen. Die Kuta-Mode erlaubt alles, und wenn auch die Stoffmuster selbst aus Bali stammen – in vielen Fällen wird da indonesische Ikatweberei einfach imitiert –, so bestimmen doch Touristen aus den USA, Italien, Frankreich und Japan, was gerade »in« ist und was man in Kuta zu produzieren und zu verkaufen hat. Der Massentourismus hat der Heimindustrie am Kuta Beach goldene – und leider auch sehr laute – Zeiten beschert.

Da die Flugzeuge aus Jakarta meist am Nachmittag auf dem Ngurah Rai Airport landen und der Transfer zu einem Hotel in Sanur, Kuta oder Nusa Dua immer etwa eine Stunde dauert, sollte man sich für den Ankunftstag kein spezielles Besuchsprogramm vornehmen, sondern den leichten Jet-Lag auskurieren und die tropisch-exotische Atmosphäre genießen. Auch am zweiten Tag empfehle ich noch ein ruhiges Eingewöhnen. Man kann sich beispielsweise bei einer ersten Massage am Strand verwöhnen lassen. Dabei werden die Kunden gründlich mit Kokosöl eingerieben und eine Stunde lang kräftig durchgeknetet. Körper und Geist fühlen sich anschließend wie neu geboren.

Wenn man sich ein wenig mit dem Stadtplan beschäftigt und die groben Grundrichtungen begriffen hat, sollte jeder Balibesucher unbedingt eine Fahrt mit dem Bemo ausprobieren. Bemos sind Sammeltaxis in Form von meist japanischen Kleinbussen, die in allen nur denkbaren Richtungen rund um die Uhr unterwegs sind. Es gibt zwar größere Bemo-Terminals, aber die unübersehbaren Straßenflitzer halten auch überall auf ein Handzeichen. Man steigt ein, zahlt eine Mark oder weniger und fährt bis zu seinem Ziel oder einer Abzweigung. Dort ruft man einfach »kiri« oder »stopa« oder klopft kräftig an das Blechdach. Ist man noch nicht am Ziel angekommen, wartet man auf das nächste Bemo, das in die neue gewünschte Richtung fährt. Bemofahrer sind wahre Artisten, die gleichzeitig schalten, hupen, bremsen, Musikkassetten wechseln, Zigaretten anzünden und doch den abenteuerlich fließenden Verkehr beobachten können. Regeln werden dabei kaum beachtet, dafür aber Handzeichen und Gesten der anderen Verkehrsteilnehmer. Ein Bemo ist nie so voll, daß es keinen Platz mehr gibt. Selbst wenn sich drinnen schon mehr als ein Dutzend Fahrgäste drängen, wird gehalten und zusammengerückt. Ohne Bemofahrt hat man ein Stück Bali versäumt!

Am dritten Tag wird es Zeit für den Beginn einer Rundtour, mit Ubud als erstem Ziel. Am Vormittag geht es zunächst nach Batubulan, um den

Barong-Tanz zu sehen. Batubulan liegt nur acht Kilometer nordöstlich von Denpasar und ist das Zentrum der balischen Steinmetzkunst. An den Straßenrändern warten ganze Heerscharen von Götter- und Dämonenstatuen auf Käufer, und dicht an der Hauptstraße befindet sich eine große Bühne, auf der täglich das Barong-Spektakel gezeigt wird.

Nächstes Ziel ist das Dorf der Gold- und Silberschmiede, Celuk. Dort haben wir nicht nur schönen filigranen Silberschmuck gekauft, sondern in großen Galerien unser kleines Fotostudio aufgebaut, indem wir uns aus der Werkstatt einen kleinen Tisch entliehen und ihn in die Sonne gerückt haben. Auf einer blauen oder roten Stoffunterlage, die zu meinem Reisegepäck gehört, postierten wir dann die schönsten Silberarbeiten für unsere Aufnahmen.

Anschließend fahren wir nach Mas, zum Dorf der Holzschnitzer. Ihre Ateliers liegen direkt an der langen Durchgangsstraße, und auch hier sind kleine Kunstwerke zu sehen. Schließlich erreichen wir das unbestrittene Kulturzentrum Ubud, in dem unzählige einheimische und ausländische Künstler zu Hause sind. In den Galerien dieses Ortes sind alle Richtungen balischer Malerei sowie herrliche Batikateliers zu finden. Für die Übernachtung wählen wir ein Bungalow-Hotel in einem der vielen Gärten oder ein preiswertes Home Stay. Das sind gemütliche Familienpensionen, die es in Ubud in großer Zahl gibt. Wer große Namen liebt, kann sogar bei so berühmten Malern wie Hans Snel in seiner bezaubernden Bungalow-Anlage wohnen. In Ubud besuchen wir natürlich das Museum Puri Lukisan (Palast der Gemälde), das einen ausgezeichneten Überblick über die Malerei Balis bietet.

Wenn es die Zeit erlaubt, so rate ich zu einer zweiten Übernachtung in Ubud, denn der Ort bietet viel an Kunst, an Handwerk und schönen Tempeln, an Festen und Tänzen, und an Ausflugsmöglichkeiten. Nur zwei Kilometer entfernt liegt der Affenwald, in dem die Touristen eine ganze Horde halbzahmer Affen antreffen, die in den mächtigen Wayanbäumen hausen und jeden Besucher um Erdnüsse und Bananen anbetteln. Weicht man nur einige Schritte von der belebten Hauptstraße ab, findet man malerische Reisterrassen, die zu ausgedehnten Wanderungen durch liebliche Landschaften einladen. Am Abend warten in Ubud schöne Restaurants auf Gäste aus aller Welt.

Apropos Restaurants: In allen guten balischen Restaurants gibt es eine internationale, auf den Gaumen der meist westlichen Touristen abgestimmte Küche; ist hier die Rede von echt balischen Gerichten, bekommt man tatsächlich nur einen blassen Abglanz der wirklichen Landesküche serviert. Balische Speisen werden in der Regel sehr scharf mit Wurzeln, Knoblauch, gegorener Krabbenpaste, Nüssen, Limonensaft, Kokosraspeln, feurigen Chilischoten und anderen exotischen Extrakten gewürzt, so daß sie nur ein wirklich robuster Weltenbummlermagen wohlwollend aufnehmen kann. Solche Gerichte, meistens in Variationen aus Reis, Gemüse und Fleisch, werden vor allem an den zahlreichen Warungs angeboten. An Festtagen essen die Balier dagegen eher üppig und lecker. Es gibt scharfe Suppen, sehr würzige Gemüsegerichte und gewaltige Platten mit Hühner- und Schweinefleisch. Nach den Hauptgerichten werden süße Reiskuchen und natürlich Tuak (Palmwein) und Brem (Reiswein) gereicht.

Kulinarische Höhepunkte der balischen Küche sind geröstetes Spanferkel, gebratene Ente und gedünstetes Schweinefleisch. Babi Guling nennt sich ein balisches Nationalgericht, bestehend aus einem mit frischen Kräutern gefüllten Spanferkel, das mit Kokosöl bepinselt und am Spieß gebraten wird. Dazu gibt es wieder reichlich Reis. Ein weiteres typisches Gericht ist Bebek Betutu, geräucherte Ente. Der Vogel wird wie das Spanferkel mit Kräutern gefüllt und in Bananenblätter gewickelt. Dann wird die so präparierte Ente zehn Stunden lang in die heruntergebrannte Glut aus Kokosnußschalen gelegt. An allen Warungs und bei den Hotelbarbecues werden Sate, über Kohlefeuer gegrillte Spieße aus Hühner-, Hammel-, Schweine- oder Schildkrötenfleisch, angeboten,

Ein fliegender Händler am Strand bietet uns bunte Holzmasken an.

Drachen gibt es in Bali – hier am Strand – in unglaublichen Formen, Farben und Größen. Einmal im Jahr, im Hochsommer, findet in Denpasar ein großes Drachenfest statt.

die mit einer dunkelbraunen Erdnußsoße serviert werden.

Die erwähnten echt balischen Köstlichkeiten sollten jeweils für mehrere Personen einen Tag vor dem Festmahl bestellt werden – nur dann kann man sicher sein, die echte einheimische Küche serviert zu bekommen. Hier bietet sich Ubud besser an als Sanur und Kuta. Schon aus diesem Grund ist ein längerer Aufenthalt in der Künstlermetropole zu empfehlen.

Unsere Fahrt geht weiter nach Pejeng. Hier besuchen wir den Pura Penataran Sasih mit dem »Mond von Bali«, der vermutlich größten vorgeschichtlichen Bronzetrommel der Welt mit einem Durchmesser von einhundertvierzig Zentimetern. Die Tempeltrommel ist mit stilisierten Menschenköpfen großartig verziert und stammt aus der Dongson-Kultur im Gebiet des heutigen Nordvietnam, etwa ein Jahrtausend vor Christi.

Warum trägt die Trommel den Namen »Mond von Bali«? Prana erzählte uns die Geschichte: »Wir haben zwölf Monde für zwölf Monate. Aber einmal – und das ist lange her – gab es dreizehn Monde am Himmel. Der überzählige Mond fiel vom Himmel auf die Erde und verfing sich in der Nähe des Tempels Pura Penataran Sasih in einem Baum und erleuchtete die Erde so hell, daß Diebe bei ihrer nächtlichen Arbeit gestört wurden. Einer dieser Diebe kletterte auf den Baum und pinkelte auf den Mond in der Hoffnung, sein Leuchten damit zu löschen. Der Mond zersprang und stürzte als riesige Bronzetrommel zu Boden. Dort wurde der dreiste Dieb vom Gewicht der Trommel erschlagen.« Dieser riesige Gong hängt hoch oben in einem Bale und ist besonders für Fotografen ungünstig einzusehen. Aber man muß ja nicht alles professionell fotografieren. Allein die Tatsache, vor so einem rätselhaften Zeugen der Vergangenheit zu stehen, ist schon äußerst aufregend.

Anschließend führt unsere Fahrt aus den fruchtbaren Reisebenen hinauf in die Berge. Von dem bunten Marktflecken Kintamani sehen wir zum ersten Mal die gewaltige Caldera des Batursees mit dem Gipfel des heiligen Mount Batur über einer wilden Lavawüste. In engen Serpentinen führt die Straße hinunter zum Seeufer und an seinem Nordwestufer entlang nach Toya Bungkah. Hier haben wir das Bali der Touristen endgültig verlassen und beziehen das kleine Home Stay von Nyoman Mawa. Nirgendwo anders auf Bali haben wir besseren Fisch gegessen als hier.

Am Nachmittag ist noch Zeit genug, um von Toya Bungkah aus per Motorboot das gegenüber am Berghang gelegene Dorf Trunyan zu besuchen. Dort lebt das Volk der Bali Aga, der Altbalier mit eigener prähinduistischer Kultur, die in Trunyan noch lebendig ist. Die Bali Aga betrachtet sich als auserwähltes Volk. Nach ihrem Glauben stammen sie von dem Götterkönig Indra ab und fühlen sich alle untereinander verwandt. Eheschließungen nach außen sind verboten. Die Bali Aga hassen körperliche Arbeiten und lassen deshalb ihre Felder von »normalen« Baliern bestellen und ernten. Als Entgelt zahlen sie dafür die Hälfte der Erträge. Anders als in den übrigen Gegenden Balis sind auch die Totenrituale der Bali Aga. Verbrennungen sind unbekannt, die Leichen werden auf einem kleinen Friedhof einfach auf die Erde gelegt und jahrelang mit Opfergaben versehen. Neben den Totenschädeln und anderen Knochen stehen Reisschüsseln, liegen Banknoten und Geldstücke. Das Dorf selbst macht wie seine Bewohner einen eher heruntergekommenen Eindruck, und viele Bali Aga sind Fremden gegenüber unfreundlich. Ich selbst habe Trunyan dreimal besucht und bin zu dem Schluß gekommen: Schön ist es dort nicht, aber interessant!

Am Seeufer bei Toya Bungkah liegen heiße Schwefelquellen, in denen gebadet werden kann. Am nächsten Morgen folgt die Besteigung des Mount Batur in aller Frühe, um dann die Caldera zum Lunch in Richtung Kintamani zu verlassen.

Unser nächstes Ziel ist die Nordküste mit dem Badeort Lovina. Nach kurvenreicher Fahrt durch Lavawüsten und Reisterrassen erreichen wir das

Meer bei Kubutambahan. Obwohl der herrliche Strand von Lovina lockt, lohnt sich ein kurzer Abstecher von Sangsit hinauf zum berühmten Reistempel Pura Beji, der ganz anders gebaut ist als die uns bisher bekannten südbalischen Tempelanlagen. Es gibt weder die vielen Schreine noch die Altäre, sondern nur ein gewaltiges Hauptgebäude, das der Reis- und Fruchtbarkeitsgöttin Dewi Sri geweiht ist. Der ganze Tempel und vor allem das Hauptgebäude sind geradezu überschwenglich mit Steinplastiken geschmückt.

Bei der Tempelbesichtigung läßt sich eine leichte Müdigkeit nicht mehr leugnen. Immerhin sind wir heute seit vier Uhr auf den Beinen, und die Baturbesteigung steckt uns merklich in den Knochen. Deshalb sind wir froh, am späten Nachmittag Lovina Beach zu erreichen und hier das herrliche Bali Lovina Beach Cottage Hotel zu beziehen. Das Hotel hat einen Pool mit Bar, so daß wir vom frischen Wasser aus unseren Gin-Tonic ordern können. Auf diese Weise haben wir nach all den Besichtigungen und Besteigungen wieder ein paar Stunden richtigen Urlaub. Aber lange halte ich so etwas nicht aus. Die Sonne fällt als feuerroter Ball fast senkrecht zum Horizont, und schon bin ich mit meiner Kamera erneut am Strand unterwegs. Das Lovina Beach Cottage Hotel liegt direkt am Strand. Dort treffe ich einen Fischer mit einem Netz in einem Holzrahmen. Ihn brauche ich für mein Traumbild. Der Mann versteht einige Brocken Englisch, und ich kann ihn so genau dort postieren, wo der vom Meer noch beleckte Strand die schönsten Sonnenspiegelungen zeigt. Ich bitte den Fischer, sein Netz hochzuhalten, damit die untergehende Sonne in ihm erscheint. Da ich eine längere Brennweite einsetze, fotografiere ich aus einer gewissen Entfernung. Eine gute Aufnahme. Bilderbuch-Bali! Hier im Norden gibt es nur wenig Touristen, dennoch werde ich von einem Holländer angesprochen. Er interessiert sich für meine neue Rolleiflex, und wir kommen wie selbstverständlich ins Fachsimpeln, plaudern über die Fotografie ganz allgemein und über die schöne Insel Bali und seine Motive. Längst ist die Sonne untergegangen, und letzte lila Wölkchen zieren den Abendhimmel. Eine frische Brise kommt auf und erinnert uns, es ist Zeit zu gehen. Noch einmal schaue ich nach Westen – fast zufällig. Da steht immer noch mein Fischer, kerzengerade mit hochgehaltenem Netz. Genau so wie ich ihn vor einer halben Stunde dort hingestellt habe. Ich muß lachen und gehe zu dem Mann, gebe ihm ein angemessenes Trinkgeld und entlasse ihn aus seiner vorbildlichen Fotohaltung. Und dabei bitte ich ihn, in zwei Wochen wieder zur Stelle zu sein. Zur gleichen Zeit am gleichen Ort, denn ich werde, und das verspreche ich ihm, mit einer Fotografengruppe wiederkommen, und alle werden soviel zahlen wie ich heute.

»Wieviel Männer werden das sein«, fragt mich der Fischer strahlend.

»Acht Männer und fünf Frauen!« Der Fischer läßt sein Netz fallen und beginnt im Sand mit der Hochrechnung.

»Dreizehnmal soviel Geld! Ich werde zur Stelle sein. In zwei Wochen hier am Strand!«

In Lovina Beach bleiben wir zwei Nächte und nutzen den nächsten Tag zu einem Ausflug nach Menjangan Island. Wir fahren immer an der Küste entlang durch kleine Dörfer, in denen die Haustempel ganz besonders bunt geschmückt sind, und durch Reisfelder – keine Terrassen –, auf denen die leuchtend grünen Setzlinge gepflanzt werden, bis zum Dorf Labuhan Lalang. Hier gibt es einen Campingplatz mit bescheidenen Bungalows und einer richtigen Tauchschule. Wir leihen uns Brillen und Flossen aus und Prana chartert ein kleines Motorboot, das uns in einer halben Stunde zur naturgeschützten Insel Menganjan hinüberbringen wird. Aus der halben Stunde wird nichts, der Motor versagt auf offener See immer wieder und der halbnackte, braune Skipper repariert und lacht und repariert. Endlich springt der Außenbordmotor wieder an, tuckert zehn Minuten brav dahin und verstummt erneut. Unser Skipper ist aber nicht aus der Ruhe zu bringen. Er lacht und kriecht wieder in seinen Motor.

Bei Sangeh und bei Ubud gibt es sogenannte Affenwälder, die man auf angelegten Wegen durchstreifen kann. Die Nachkommen Hanumans sind aggressiv und diebisch und erwarten von jedem Besucher pausenlos Nüsse, die man am Eingang an verschiedenen Verkaufsbuden erwerben kann. Im Affenwald von Sangeh sind viele Touristen unterwegs, der Affenwald von Ubud dagegen ist kleiner und einsamer.

Endlich sind wir auf der Insel. Weißer Sandstrand, auf dem keine Menschenseele zu sehen ist, und eine kleine Rangerhütte mit Schattendach zum Umziehen. Das klare Wasser vor Menganjan Island ist nicht blau, sondern türkisgrün. Mit Schnorchelbrille und Flossen bewaffnet, begeben wir uns etwas tolpatschig in die Flut. Dreißig Meter vom Strand entfernt fällt ein farbenprächtiges Korallenriff hinunter in die schwarze Tiefe. Die Abbruchkante liegt nur einen Meter unter der Wasseroberfläche und wird von der senkrecht stehenden Mittagssonne großartig beleuchtet. Korallen in allen Weiß-, Grau-, Gelb- und Grüntönen und dazwischen so bunte Fische wie im Märchenland: rote, gelbe, blaue, gestreifte und gefleckte. Eine wahre Wunderwelt an Balis einsamer Nordküste, ein idealer Einstieg für Schnorchler und Taucher. Prana kann nicht schwimmen – wie viele Balier. Wasser ist eben nicht ihr Element. So bedarf es zunächst meiner ganzen Überredungskunst, ihn doch einmal zu einem Blick durch die Brille zu verführen. Prana steigt tapfer bis zur Brust ins lauwarme Wasser, bückt sich nach vorn und schaut zum ersten Mal in seinem Leben durch die Schnorchelbrille in diesen unglaublichen Farbkasten hinein. Die Brille sind wir für den Rest des Tages los, so groß ist seine Begeisterung. Auch Renate hat hier auf Menjangan Island zum ersten Mal in ihrem Leben geschnorchelt – mit dem Resultat, daß wir einige Tage später in Denpasar eine neue Schnorchelausrüstung für sie gekauft haben.

Ich habe das Schnorchelparadies Menjangan auf einer späteren Reise auch bei Flut erlebt. Der Wasserspiegel liegt dann einen Meter höher, und vom nahen Strand trüben viele Schwebeteilchen das Wasser. Ideal ist also der Besuch bei Ebbe.

Die Sonne steht schon weit im Westen, da kommt unser Skipper mit neuem brummenden Motor zurück, um uns zu holen. Sonnenverbrannt und gut gelaunt, den kühlen Gin Tonic im Pool von Lovina schon vor Augen – und im Gaumen –, fahren wir in unsere gemütliche Herberge zurück. Die Nordküste von Bali hat noch keine Touristenstrände wie Kuta und Sanur. Sie ist einsam und still und voller Wunder. Dazu gehören die farbenprächtigen Korallengärten und die springenden Delphine beim Sonnenaufgang, die lachenden Reisbauern und die ruhigen Tempelanlagen.

Das korallenumsäumte Menganjan Island liegt fast schon am Westzipfel von Bali, und wir könnten leicht über Gilimanuk – dort landen die Autofähren aus Java – zur Südwestküste und weiter nach Denpasar fahren. Auch dieser Weg ist lohnend, denn auf der Strecke liegt Negara, wo zwischen Juli und Oktober regelmäßig wilde Stierrennen stattfinden, und zwischen Surabratan und Antasari sind herrliche Reisterrassen zu entdecken. Dennoch fahren wir auf unserer Rundreise zurück nach Lovina, um die Insel über den Bratansee nach Denpasar zu durchqueren. Tagesziel ist der kleine Ort Bedugul am Lake Bratan, der in eintausendzweihundert Meter Höhe den Krater eines längst erloschenen Vulkans füllt. Im Gegensatz zum Mount Batur ist die Landschaft tropisch grün und wegen der Höhenlage oft nebelverhangen. Wir beziehen am späten Nachmittag ein am Strand gelegenes Hotel mit herrlichem Ausblick auf den Bergsee. Unter unseren Bungalows, direkt am Seeufer, brennt ein Lagerfeuer, an dem junge Balinesen singen. Gitarrenklänge sind zu hören – Erinnerung an längst vergangene Pfadfinderzeiten.

Lange vor Sonnenaufgang und Frühstück legen wir die zwei Meilen nach Candi Kunung zum Seetempel Pura Ulun Ganu zurück. Hier wird die Göttin der Seen und Flüsse, Dewi Danu, verehrt. Der kleine Tempel im Wasser des Lake Bratan reiht sich in die Gruppe der pittoresken Tempelanlagen Balis ein. Besonders am frühen Morgen heben sich die hohen Merus silhouettenhaft vor dem leicht getönten Himmel ab und kein Besucher stört das romantische Bild. Ein Drei-Tumpang Meru steht auf der äußersten kleinen Insel im See und ein Elf-Tumpang Meru dicht am Ufer. Interessant ist, daß in diesem Tempel nicht nur die Meeresgöttin Dewi Danu, sondern auch Gautama Buddha als einer der ältesten Religionsstifter verehrt wird. In der Pagode auf dem Landstreifen vor dem Tempel befinden sich fünf meditierende Buddhas in den Nischen links vom gespaltenen Tor. Dieses Beispiel zeigt, wie der balische Hinduismus buddhistische Elemente und Einflüsse in sich aufgenommen hat.

Candi Kunung ist ein sehr beliebter Ausflugsort für Balier und Touristen gleichermaßen. Das zeigen schon die zahlreichen Verkaufsstände zwischen Tempel und Straße. Aus diesem Grunde empfehle ich die Übernachtung am See und zeitige Wanderung zum Seetempel. Außerdem ist dieser schön gelegene Bau ein idealer Ausgangspunkt für Wanderungen in die nahen Bergwälder, wo die Stille schnell wieder die Oberhand gewinnt. Die Umrundung des Sees über Kiidang dauert einen ganzen Tag, außer dem Gekreische wilder Affen hört man in der Bergeinsamkeit kaum einen Laut und trifft nur wenige Menschen.

Wir setzen unsere Fahrt nach Mengwi fort, aber nicht auf der Hauptstraße, sondern auf westlich gelegenen Nebenstraßen durch herrliche Reisterrassenlandschaften. In Pacung fahren wir von der Straße ab in Richtung Apuan und dann südlich über Marga und Blayu. Auf dieser Route erleben wir kleine idyllische Dörfer, bis wir gegen Mittag den großartigen Königstempel Pura Taman Ayun erreichen. Während der gesamten Rundreise sollte man immer wieder in den Hotels nach Dorf- und Tempelfesten fragen und seine Tour entsprechend flexibel gestalten.

Man kann von Mengwi zum Sonnenuntergang nach Tanah Lot weiterfahren, um spät am Abend zu seinem Ausgangspunkt in Sanur, Kuta oder Nusa Dua zurückzukehren. Ich bleibe mit meinen eigenen Reisegruppen für mindestens eine Nacht in Pranas Dorf Uma Abyan Kampong ganz in der Nähe von Mengwi. In einem der Nachbardörfer oder -tempel findet hier fast immer ein Fest statt, und Prana hat in seinem Haus gemütliche Gästezimmer.

Der Pura Tanah Lot ist mit seinen einfachen reisstrohgedeckten Schreinen künstlerisch und architektonisch nicht überragend und gehört doch zu den landschaftlich am schönsten gelegenen Tempeln Balis. Der Bau selbst liegt auf einem kleinen Felsvorsprung im Meer und wird vor der untergehenden Sonne zu einem optischen Höhepunkt der gesamten Balireise. Tausende von Baliern und Touristen strömen Abend für Abend zum Tempel. Es lohnt sich, das Eintauchen der glutroten Sonne hinter den Horizont und das anschließende Farbenspiel abzuwarten. Der Platz um den Tempel wird rasch leer, und der Himmel färbt sich im Westen erst rot, dann rosa und schließlich purpur und violett. Mit jeder Minute wird das Farbenspiel mit der Tempelsilhouette davor dramatischer und die Szene stiller und schöner. Den großartigsten Ausblick hat der Betrachter aus den leicht zugänglichen Felsnischen oberhalb des Strandes, etwa dreihundert Meter östlich des Tempels.

Mit dieser Rundfahrt, die zwischen neun und zwölf Tage dauern kann, hat der Balibesucher alle wichtigen Landschaften und Kulturdenkmäler erfaßt, die unterschiedlichen Küsten und Städte erlebt und vor allem balische Dörfer kennengelernt. Die Hauptstadt Denpasar habe ich ausgespart, denn dorthin lassen sich leicht Tagesausflüge von den Touristenzentren aus arrangieren. Denpasar ist auch nicht repräsentativ für Bali; es ist eine überfüllte, hektische Stadt mit einem geradezu chaotischen Gewühl von Bemos, Motorrädern, Autos und Radfahrern, die sich vor einer Kulisse gigantischer Kino- und Werbeplakate drängen. Wer sich trotzdem in dieses Chaos wagt, sollte sich den überaus bunten Markt Pasar Badung und die Grasfläche Alum-Alum ansehen. Dort stand der Palast von Badung, wo 1906 der Puputan stattfand. Heute erinnert eine sehr ausdrucksstarke Bronzestatue an den Massenselbstmord anläßlich der holländischen Militärinvasion.

Der Tourismus hat auf Bali glücklicherweise noch keine derartig

In Denpasar, einer Stadt mit unbeschreiblichem Verkehrschaos, locken unzählige bunte Filmplakate die Jugend Balis in die Kinos, wo sie mit der brutalen Filmwelt des Fernen Ostens konfrontiert werden.

Die Jugend Balis lebt zwischen Tradition und Fortschritt. Disco, Kino und Moped sind ebenso beliebt wie das Tempelfest, die Prozession und das ländliche Dorf.

häßlichen Betonbauten wie an den iberischen Mittelmeerstränden hervorgebracht. Ein Gesetz verbietet hier Bauten, die höher als Palmen in den Himmel ragen. Dies beweist eine ebenso lobenswerte Weitsicht wie die Tatsache, daß man den Massentourismus auf den Südzipfel der Insel konzentriert hat.

Der Indonesist und Schriftsteller Günter Spitzing sieht drei erhebliche Gefahren, die der internationale Tourismus für Bali mit sich bringt. Zum einen verbrauchen Touristen zuviel Wasser. Das liegt vor allem an den Swimming Pools und an den exzessiven Dusch- und Wannenbad-Vorlieben von Menschen westlicher Kulturen. Tatsächlich ist schon eine spürbare Wasserknappheit eingetreten, die man durch besonders tiefe Brunnenbohrungen in Küstennähe auszugleichen versucht hat. Doch führte dies zur Versalzung von Küstenstrichen. Zum anderen eignen sich kapitalkräftige auswärtige Anleger zum Teil unter Anwendung von Druckmitteln Grund und Boden auf Bali an. Auch Reisfelder fallen den Grundstückshaien zum Opfer. Weiterhin ist die Verkehrsbelastung zu groß – die Umweltbelastung in den Ballungsgebieten ist bereits deutlich spürbar.

Bewußt denkende Touristen können durchaus helfen, diese Mißstände zu verringern. Durch das Herabschrauben der eigenen Ansprüche läßt sich ein an die hiesigen Lebensverhältnisse angepaßter Urlaub verleben. Das Absteigen in bescheideneren, dafür aber um so landestypischeren Unterkünften – möglichst unter balischer Leitung – hilft auch den weniger wohlhabenden und einflußreichen Einheimischen. Läßt man öfter mal das Auto oder Motorrad stehen und geht statt dessen zu Fuß oder unternimmt Radtouren, so trägt dieses neben der Förderung der eigenen Gesundheit auch zur Entlastung des Verkehrschaos bei.

Doch sollte man den Massentourismus auch nicht ständig verdammen, bringt er doch notwendige Devisen in das Land und schafft Arbeitsplätze – und daß die Balier bei allem Touristenrummel dennoch ein gutes Augenmaß behalten, dafür sorgen schon die Götter und der stark verwurzelte Glaube an sie. Vielleicht – und das ist nur zu hoffen – sehen wir unser eigenes Leben und unsere Umwelt nach einem Besuch auf Bali auch wieder kritischer und bewußter.

Epilog

Reisen ist Fortschritt – wenn es der Weitung unseres Horizontes dient. Aber ist unser Verhältnis zum Fortschritt nicht sehr zwiespältig? Einmal sind wir stolz darauf und im gleichen Moment verdammen wir ihn und sehen nur die überfüllten Straßen, die Hektik im fortschrittlich ausgestatteten Büro und die scheinbar völlige Abhängigkeit von unseren ach so fortschrittlichen Errungenschaften wie Telefon-, Telefax- und Fernsehverbindungen mit der weiten Welt. Wir fühlen uns mitten in diesem Fortschritt »reif für die Insel«, für einen Ort der Ruhe, vielleicht sogar einen Ort ohne Fortschritt.

Bali ist ein solcher Ort, eine solche Insel. Auch Bali ist zweigeteilt; in die Insel ohne Fortschritt mit dem Dorf und dem Reisfeld, mit dem Tempelfest und dem Sonnenaufgang über dem heiligen Vulkan Agung – und in die Insel mit Fortschritt in Denpasar, wo der Verkehrslärm alle menschlichen Sinne zu ersticken droht, mit dem lauten Strand- und Nachtleben von Kuta, das der Schriftsteller Leonard Lueras einen »kleinen Stroh- und Bambus-Verschnitt von Las Vegas« nennt, »der in kommerzieller Gefräßigkeit auch die benachbarten Dörfer Legian und Semilyak mit verschlingt.«

Mancher Balibesucher, der Kuta und andere Touristenzentren besucht, bekommt tatsächlich so etwas wie einen »Bali-Schock«; dieser Schock geistert auch durch viele Bücher und Artikel, die sich mit erhobenem Zeigefinger des Tourismus auf Bali annehmen. Wir müssen die Dinge, so glaube ich, sehen und hinnehmen, wie sie sind. Wir müssen lernen, fremdartige Kulturen nicht als uns überlegen oder unterlegen zu klassifizieren, sondern einfach als anders zu tolerieren. Der belgische Maler Duval, der seit Jahren in Ubud lebt, sprach nach einer Reise in seine Heimat von einem »Europa-Schock«: »Die Menschen in Europa genießen ihre sinnlose Existenz mit selbstmörderischem Eifer. Ich als Maler studiere Gesichter. Es ist nichts mehr drinnen in ihnen – in Europa. Manche haben bereits richtige TV-Pancakes. Das ist ein Ausdruck von mir, also Fernseher-Pfannkuchen. Die starren täglich so viele Stunden auf die verdammte Scheibe, daß ihre Gesichter uniform werden. Ihre Gesichter sind Klischee und ihre Sprache ist Klischee geworden und diese Pancake-Gesichter haben mich aus Europa vertrieben – hierher nach Bali!«

Ob »Europa-Schock« oder »Bali-Schock« – nehmen wir die Dinge, wie sie sind, und denken wir an die Worte des Ubud-Künstlers Walter Spies: »Der flüchtige Tourist kratzt noch nicht einmal an der Oberfläche dieses Landes.«

Ich bin selbst Tourist, auf Bali und in anderen Ländern, die ich mit modernen und fortschrittlichen Verkehrsmitteln bereise. Als Fotograf trage ich eine hochwertige und umfangreiche Ausrüstung mit viel Elektronik und

Fischer am Lovina-Beach.

sehr sensiblen Filmen mit mir herum. Meine Bilder können heute – und auch das ist unser Fortschritt – mit modernsten Maschinen perfekt gedruckt werden. So etwas war vor einem halben Jahrhundert noch gar nicht möglich – aber dafür war das Reisen damals ganz anders: langsamer, komplizierter und deshalb intensiver. Reisende, die lange vor mir Bali und andere Weltecken besucht haben, konnten zwar nicht so perfekte Fotografien mitbringen und drucken lassen, dafür waren ihre Eindrücke stärker, tiefer und lebensnaher. Viele ihrer Berichte nehme ich voller Hochachtung in die Hand. Zum Beispiel den Roman von Vicki Baum »Liebe und Tod auf Bali«. Und weil die Generation vor mir intensiver reisen und erleben konnte, zitiere ich auch gerne ihre Aussagen und steuere meine heutigen Bilder dazu.

Zu dieser Generation Reisender gehören auch Lorne und Lawrence Blair, die Bali durchforscht und großartig beschrieben haben. Jede Begegnung mit Lorne und »Lawrence von Indonesien« war ein großer persönlicher Gewinn für mich. Ebenso schaue ich voller Bewunderung auf die Reiseerlebnisse von Herbert Tichy, der jahrelang Indonesien und Bali besucht hat. Jedes Wort in seinen Büchern beschreibt die große Ehrfurcht und die Liebe zu fremden Menschen, die nicht primitiv, sondern ganz anders – auch ohne Fortschritt – leben, und dabei glücklich und zufrieden sind. Von »TV-Pancake-Gesichtern« ist da keine Spur. Ich habe Herbert Tichy einige Jahre vor seinem Tod in Wien kennengelernt und atemlos seinen Reiseerzählungen gelauscht. Er bewunderte meine Bilder, ich seine Erlebnisse. Herbert Tichy hat im Leben nie ein eigenes Auto besessen, aber seine Abenteuer in aller Welt waren wahrer Reichtum für ihn. Bei einer langen Plauderei im Wiener Batzenhäusl erzählte er mir von seiner Liebe zu Asien und ganz speziell zu Bali: »Ich war an die stille Nordküste gefahren, wo es noch keine Touristen gab. Ich saß am Strand, alleine, und dachte über Bali nach. Ein alter Balier mit gutem Gesicht setzte sich neben mich, aber wir blieben schweigsam. Der Wind kam von Süden, und die Wellen waren deshalb an der Nordküste winzig und fast lautlos. Nach langer Zeit fragte ich den alten Mann: ›Was machst du?‹ Er antwortete mit nur einem Wort: ›Schauen‹. Vielleicht ist dieses ›Schauen‹ das ganze Geheimnis, das die Asiaten uns voraus haben.«

Steckbrief Bali

Bali ist eine der mehr als dreizehntausend indonesischen Inseln und liegt acht Grad südlich des Äquators. Von Nord nach Süd mißt das Eiland nur achtzig, von West nach Ost etwa einhundertfünfzig Kilometer.

Bali bedeckt eine Fläche von 5561 Quadratkilometern, auf der 2,7 Millionen Menschen leben. Hauptstadt und einziger internationaler Flugplatz ist Denpasar mit 261 000 Einwohnern.

Das Eiland gehört zu den kleinen Sundainseln und hat ein gesundes tropisches Seeklima. Auf der Insel wird neben Reis auf künstlich bewässerten Feldern und Terrassen auch Mais, Kokospalmen, Zuckerrohr, Baumwolle und Kaffee angebaut. Außerdem gibt es Rinder- und Schweinezucht.

Beste Reisezeit ist der Baliwinter, denn von April bis September ist es trocken. November bis Januar sind die nassen Monate, wobei sich die Niederschläge in Grenzen halten.

Touristen aus Deutschland, Österreich und der Schweiz brauchen kein Visum für die Einreise nach Bali, sondern nur einen gültigen Reisepaß. Dieser gilt für einen Aufenthalt bis zu acht Wochen.

Zu den wirklich erfahrenen Bali-Veranstaltern gehört:

Ikarus Tours GmbH
Fasanenweg 1
61462 Königstein

Wir selbst haben alle unsere Balireisen über Ikarus Tours abgewickelt. Auf Bali direkt empfehle ich das Büro meines Freundes Prana:

Nagasari Tours and Travel
Headoffice
Jl. Danan Buyan 34,
Sanur Denpasar
Bali-Indonesia 80227

Weitere wichtige Adressen:
In Deutschland

Botschaft der Republik Indonesien
mit Konsularabteilung
Bernkasteler Str. 2
53175 Bonn

Konsulate
14195 Berlin 33, Rudeloffweg 7
22299 Hamburg 60, Bebelallee 15
24103 Kiel, Sophienplatz 13
28195 Bremen, Katharinenstr. 36
30159 Hannover, Georgsplatz 1
40212 Düsseldorf, Berliner Allee 2
64546 Mörfelden-Walldorf, Nordenstr. 44
70174 Stuttgart, Herdweg 62
80538 München 22, Widenmayer Str. 24

Indonesisches Fremdenverkehrsamt
für Europa
Wiesenhüttenplatz 26
60329 Frankfurt/M. 1

Garuda Indonesian Airways
Düsseldorfer Str. 14
60329 Frankfurt 1

In Österreich
Botschaft: 1180 Wien,
Gustav-Tszhermak-Gasse 5–7
Konsulat: 1190 Wien,
Johannisgasse 26

In der Schweiz
Botschaft: 3006 Bern,
Elfenauweg 51
Konsulat: 1207 Genf,
Rue de la Servette 93

Touristenbüro in Bali
Badung Tourist Promotion Board
Jalan Surapati 2,
Denpasar Bali, Indonesia

In Deutschland und in Bali hatten wir viele Freunde und Helfer bei unseren verschiedenen Reisen. Manches war bei unserer Ankunft schon perfekt für den Fotografen vorbereitet, anderes wurde vor Ort direkt und unkompliziert realisiert. Dafür danken wir: Nagasari Tours and Travel in Sanur, unserem Freund Prana, Dr. Horst Kitzki, Friedrich Unterberg, Ikarus Tours in Königstein, Ikarus Expeditionen in Königstein, Garuda Indonesian Airways, Sigmund Schwarz, Lawrence und Lorne Blair sowie allen freundlichen Baliern, die uns gefahren und begleitet haben, die für meine Kamera tanzten und spielten und uns ihre Insel nahebrachten. Günter Spitzing danke ich für die fachkundige Durchsicht des Textmanuskriptes und meiner lieben Frau Renate für die unermüdliche Nachtarbeit am Computer und für viele Manuskriptkorrekturen.

Glossar

Adat traditionelle Sitte, Gewohnheitsrecht
Bale Pavillon
Bale Desa Versammlungshalle des Dorfes
Bale Gede großer Pavillon, Pavillon der Eltern
Bale Sari Blumenhaus
Banjar Nachbarschaft, Dorfquartier
Barong Fabelwesen; Tanz
Bebek Ente
Bemo Personen-Kleinlaster, Sammeltaxi
Bhagavadgita »Gesang des Erhabenen«; ind. religiös-philosophisches Lehrgedicht in 18 Gesängen
Brahman äußerste Realität
Brahmana Kaste der Brahmanen
Brem Reisweis
Buta-Kala böse Geister, Dämonen
Candi Bentar gespaltenes Tor
Dalang Schattenspieler
Desa Dorf
Dewa Gottheit
Gamelan musikalisches Ensemble, bestehend aus Gong, Metallophon, Xylophon, Flöte, Laute, Zither, Handtrommeln, Chor und Einzelsängern
Jaba außerhalb der Kaste der Hochrangigen stehend; siehe *Sudra*
Jaran Pferd
Kaja bergwärts, Richtung zum Mount Gunung Agung
Kaja-Kangin Zwischenrichtung zwischen bergwärts und Osten
Kawi Altjavanisch
Kecak Affentanz
Kelihan Banjar Vorsteher des Banjar
Kelod meerwärts
Kepengmünzen Ritualgeld
Krama Ratsversammlung
Kris malaiischer Dolch mit zweischneidiger gewellter Klinge
Ksatria Kaste der Fürsten
Kulkul Glockenturm
Legong Tanz
Leyaks unheilbringende, hexerische Menschen
Lumbung Reisspeicher
Meru hoher Schrein aus Holz
Moksa hinduistisches Gegenstück zum Nirwana des Buddhismus
Njepi Neujahrsfest
Odalan Geburtstagsfest des Tempels
Padmasana Lotosthronsitz
Paon Küche
Pedanda Brahmanenpriester
Puputan Ritual der Selbsttötung
Pura Tempel
Pura Dalem Totentempel
Pura Desa zentraler Dorftempel
Pura Puseh Gründungstempel
Puri Palast
Raja Fürst
Sanggah Haustempel
Sanggah Kamulan Trisakti Schrein des Ursprungs und der Trinität
Sanggah Peliangan Dewi Sri Schrein der Reisgöttin Dewi Sri
Sanghyang Anredetitel für eine Gottheit
Sanghyang Dedari Trancetanz
Sanghyang Jaran Trancetanz
Sarong kunstvoll gebatiktes Tuch, das als Rock von Frauen und Männern um den Leib geschlungen wird
Sawah Naßreisfeld
Subak Wasserstranggenossenschaft
Sudra außerhalb der Kaste der Hochrangigen stehend; siehe *Jaba*
Tari Balihan Schautanz
Tari Bebali Zeremonien-/Opfertanz
Tari Wali Kulttanz
Tuak Palmwein
Umah Haus, Gehöft
Umah Meten Haus der Großeltern
Warung einfacher Verkaufsstand, Imbißstand
Wayang Kulit Schattenspielfigur
Wesia dritte Kaste

Literatur

Baum, Vicki, *Liebe und Tod auf Bali,* Kiepenheuer und Witsch, Köln
Blair, Lawrence, *Ring of Fire – Exploring the Last Remote Places of the World,* Bantam Books, London
Handbuch Weltreligionen, Brockhaus, Wuppertal
Lueras, Leonard, *Bali,* Times Edition, Singapur
Ranseyer, Urs, *Kultur- und Volkskunst in Bali,* Atlantis Verlag, Zürich
Rauchwetter, Gerhard, *Faszination Bali,* Welsermühl, Wels – München
Spitzing, Günter, *Bali,* DuMont, Köln
ders., *Bali,* Bruckmann, München.